Collana Delitti di lago

Nella stessa collana

Delitti di lago
Antologia di racconti gialli
a cura di Ambretta Sampietro

Nuovi delitti di lago
Antologia di racconti gialli
a cura di Ambretta Sampietro

Delitti di lago vol. 3
Antologia di racconti gialli
a cura di Ambretta Sampietro

Rose bianche sull'acqua
Un giallo ambientato a Orta
di Erica Gibogini

Delitti di lago vol. 4
Antologia di racconti gialli
a cura di Ambretta Sampietro

Picnic al lago
di Erica Gibogini

Il mostro del Verbano
di Laura Veroni

Le lacrime del commissario
di Sergio Cova

Delitti di lago vol. 5
Antologia di racconti gialli
a cura di Ambretta Sampietro

In trappola
di Erica Gibogini

1.3 So chi sei
di Laura Veroni

Delitti di lago vol. 6
Antologia di racconti gialli
a cura di Ambretta Sampietro

Delitti di lago vol. 7
Antologia di racconti gialli
a cura di Ambretta Sampietro

L'uomo che guarda il lago
di Angela Borghi

L'ombra dalla sciarpa blu
di Laura Veroni

Delitti sul Lago Maggiore e sul Lago d'Orta
a cura di Ambretta Sampietro

Erica Gibogini

Maschere

Giallo

MORELLINI EDITORE

La maschera è un apparecchio che, applicato sull'intero viso o su parte di esso, ne rende possibile una contraffazione e impossibile il riconoscimento della persona che la indossa.

Di cartapesta, stoffa o altro materiale, è impiegata a scopo magico o rituale: raffigura con efficacia un'essenza divina o demoniaca; bellico: incute paura al nemico; scenico: sottolinea il carattere e la funzione del personaggio; di divertimento: rende il grottesco di una maschera di carnevale.

L'uso di celare il proprio viso sotto una maschera, dandogli allo stesso tempo sembianze diverse, è antichissimo. Attraverso le epoche e i continenti, la maschera ha risposto al bisogno dell'uomo di trasformare o dissimulare la propria identità.

Giovedì 21 ottobre 2021
(L'inizio)

Lo specchio appeso alla parete del salone rimandava, attraverso la vetrata sul lago, l'immagine della pallina da ping-pong impietosamente rimbalzata da un lato all'altro del tavolo posizionato sotto il portico. Il rumore secco del gioco che, sorvolando la rete tesa dalle morse laterali, produceva nello sbattere alternativamente contro la racchetta e sul piano di plastica cadenzava con il suo ritmo l'affanno dei giocatori: *toc-toc*.

Movimenti agili, battere di piedi, sforzi con braccia protese, nocche delle dita strette intorno ai manici delle racchette nell'aria pungente del tardo pomeriggio di ottobre. Sebbene visibilmente affaticati, nessuno dei giocatori pareva voler cedere e ognuno rimaneva attaccato al sottile filo di speranza della vittoria finale, con il lago spettatore di quella partita che sembrava non dovesse terminare mai.

La cena per il compleanno di papà avrebbe aspettato. D'altronde, né gli ospiti né il festeggiato si erano ancora visti: *toc-toc*. I componenti della famiglia Medici non avevano fretta di sedersi a tavola. Ma, forse non era solo il piacere di prolungare il divertimento dato dal gioco, chissà, forse il caso li manovrava, inconsapevoli burattini, in quello che per loro non era un giorno qualunque, ma l'inizio della fine.

Anche se l'effetto degli ultimi avvenimenti ci avrebbe impiegato del tempo a raggiungerli, ma sarebbe alla fine arrivato come uno tsunami, travolgendoli.

Lo tsunami era ancora solo un'onda quasi impercettibile, un leggero incresparsi dell'acqua prodotto dal corpo nascosto dalla chiglia di una barca ormeggiata al porticciolo di Omegna.

A faccia in giù, gli occhi spalancati e acquosi che fino a poco prima appartenevano a una giovane vita, fissavano, senza vederlo, il fondale scuro. Braccia e gambe aperte, quasi quella fosse una resa, non appariva minimamente infastidita dal pigro nuotare di qualche pesce che le passava accanto, mentre la stoffa degli abiti incollati al corpo lasciava che i lembi più esterni seguissero il movimento dell'acqua in una danza delicata. Avrebbe dovuto attendere ancora molte ore per essere scoperto, dando il via a quella che è la ricerca della causa della morte di qualcuno.

E quando la causa è oscura, la ricerca diventa affanno e paura.

I palleggi tra Francesco e Margherita erano rabbiosi e decisi, quelli tra Carlo e Pietro più misurati ma efficaci e il gioco proseguiva concitato. Il poderoso braccio di Francesco batté un rovescio che solo l'agilità della sorella riuscì a contrastare. Subito dopo, la proverbiale calma di Carlo sfidò la precisione del nipote Pietro: *toc-toc*.

Marina osservava i figli e il fratello da una poltrona in vimini stringendosi nella giacca di lana. Era felice di vedere riunita la sua famiglia per il compleanno di Enea. Persino il suo fratellone – al mondo Don Carlo – era riuscito a liberarsi dagli impegni che il suo ruolo gli imponeva per essere presente.

«Bam!» Margherita esultò nel vedere la pallina schiacciata sul campo avversario e poi volare a terra attribuendo alla sua squadra il punto decisivo. Una serie di saltelli sulle gambe magre, le braccia alzate, e subito dopo l'abbraccio con Pietro, compagno di gioco, suggellarono la vittoria.

Dall'altro lato del tavolo, i perdenti deposero sconfortati, ma ugualmente sorridenti, le racchette.

«Hai imbrogliato! Sei sempre la solita!» esclamò Francesco fingendosi imbronciato.

«Tu non sai perdere! Come si fa a barare a ping-pong? Non è mica poker» ironizzò Margherita, liberandosi dall'abbraccio del fratello maggiore che andò a recuperare gli occhiali abbandonati sul davanzale della finestra durante il gioco. «Mamma! Diglielo tu.»

«Non fate i bambini!» li redarguì la madre, alzandosi. «Vado a vedere se vostro padre è pronto.»

Margherita, Pietro, Francesco e Carlo rimasero sotto il portico della casa affacciata sul Lago d'Orta, in prossimità di Omegna. Le giornate erano ormai molto corte, la festività degli Ognissanti si avvicinava e con essa quella parte dell'anno che rivendica più ore di buio rispetto a quelle di luce. La sera era già protagonista, la presenza dell'acqua, a pochi metri oltre il giardino, non era che una massa scura, corpo unico con la montagna. I tre fratelli e lo zio parevano aver perso improvvisamente vigore, non parlarono per diversi minuti guardando ognuno un punto diverso del paesaggio, assorti nel proprio mondo. Le luci del lungolago tappezzato di foglie dai colori che si stavano smorzando avvolti dal buio, con le cupole del centro sportivo al termine della passeggiata sulla sponda opposta punteggiavano la riva, un paio di imbarcazioni facevano ritorno al porto di Bagnella. Da lontano si intravide *l'Ortensia* diretta al pontile di Omegna nell'ultima corsa della giornata. Ritmi rallentati, quelli del lago, la cui natura invita alla calma e all'introspezione.

La prima a scuotersi fu Margherita. «Be', io mi vado a cambiare.»

«Vino?» propose Pietro, e senza attendere risposta entrò in casa. Poco dopo era di ritorno con tre calici di vino rosso: un tintinnio di vetro risuonò.

«È da un po' che non abbiamo occasione di parlare. Che si dice, ragazzi?» chiese Carlo appoggiandosi al muretto, il bicchiere in mano che agitava il liquido scuro. Il corpo ancora vigoroso nei suoi sessantacinque anni appariva mortificato nella camicia grigia, così come la pelle ancora tinta dagli ultimi residui di abbronzatura estiva, frutto di tante ore trascorse all'aperto con i ragazzi dell'oratorio, che spiccava dal colletto bianco. Viso squadrato, guardava il mondo attraverso occhi scuri e curiosi, capaci di entrare in sintonia con gli altri. La voce, mai alterata, era calda e invitava all'ascolto. I capelli, di un grigio luminoso, completavano il quadro di autorevolezza che la sua veste gli attribuiva.

«Comincia la confessione?» lo canzonò il nipote Pietro.

Carlo sorrise. «Prima ditemi di Margherita, come sta, secondo voi? Se glielo chiedo io, sfugge alle mie domande. Mi sembra più serena, no?»

«Non si dovrebbe parlare degli assenti» scherzò Pietro.

«Sapete che lo faccio perché le voglio bene.»

«Penso anch'io che sia più tranquilla, anche se il periodo di pandemia l'ha messa a dura prova. Margherita avrebbe avuto bisogno di stare più con gli altri, invece di frequentare l'università a distanza. Ma ora si comincia a parlare di ripresa e probabilmente andrà più spesso a Milano, e questo non potrà che farle bene» disse Pietro, riferendosi alle conseguenze catastrofiche della nuvola nera del virus di Covid-19 che da tanti mesi opprimeva l'intero pianeta.

«C'è stato un momento in cui ho temuto seriamente per lei, ma poi ha dimostrato tutta la sua grinta e per fortuna è uscita dalla fase più critica» esclamò Carlo.

«Marghe non è fragile come sembra» sentenziò Francesco, chiamandola con il nomignolo che in casa le era stato attribuito sin da piccola, mentre a lui era stato destinato l'appellativo di Franci. Con i suoi ventotto anni, due più della sorella, erano sempre stati molto complici e alleati nei giochi di bambini contro il fratello più grande, Pietro, che distanziava la più giovane di casa di ben nove anni.

«Dovrebbe trovarsi un ragazzo» aggiunse Pietro.

«Per cacciarsi in qualche altro guaio? Ricordi che casini ha combinato, con quel suo compagno di scuola?» ricordò Francesco.

«Non è che tu ti sia mai risparmiato, in quanto a casini» lo canzonò il fratello. «A proposito, non è che ti sei fatto qualche altro tatuaggio?» Francesco si sentì punto sul vivo e si portò il bicchiere alla bocca senza rispondere per nascondere il disappunto di fronte a quel fratello bacchettone che non condivideva la moda che invece a lui piaceva così tanto. In fondo, ne aveva solo due sulla spalla, e nemmeno troppo evidenti: una piccola aquila ad ali spiegate e una rosa dei venti che quasi non si vedeva.

Per qualche secondo tutti e tre sorseggiarono il vino, poi Pietro interruppe il silenzio. «Io, al solito, lo studio mi impegna molto.» Aveva il viso stanco sotto la barba scura che lo faceva sembrare più vecchio e gli occhi cerchiati dagli occhiali dalla montatura severa che, contrariamente allo zio, non guardavano all'anima della gente, ma al loro conto in banca, denunciavano lunghe ore di lavoro allo studio di commercialista di cui era titolare. «E con Viola, non faccio che discutere» sollevò leggermente le spalle. «Mi accusa di tornare a casa sempre tardi, ma anche lei, responsabile in negozio, non è da meno. E poi, l'altro giorno se n'è uscita con la trovata che dovremmo avere un bambino. Ci manca solo quello!» La calma del lago non era parte della vita della giovane coppia e la natura, se avesse potuto, li avrebbe redarguiti, ricordando loro che la fretta e il successo non portavano a nulla, meno di tutto alla serenità.

«Non siete più dei ragazzini, è ora di mettere su famiglia. Sono certo che un bambino vi riavvicinerebbe. I figli sono il nostro futuro.»

«E no, questo è un colpo basso, caro zio, proprio tu che lascerai questo mondo senza alcun erede, mi dici questo? O devo dire Don Carlo? Che poi, per inciso, sembri un'opera lirica!» Pietro bevve un lungo sorso di vino svuotando il bicchiere.

«Io sono la vostra coscienza» ironizzò Carlo.

«Su, fratellino, ora tocca a te» esclamò Pietro scacciando le immagini di bambini urlanti che gli si erano impigliate nella mente.

«Ciao! Scusate, scusate!» Un turbine li distrasse: Viola, con la sua consueta vivacità era uscita nel portico. «E non chiedetemi di tenere indossata questa maledetta mascherina! Che già in negozio non me la posso mai togliere, almeno in famiglia! Prometto che non toccherò nessuno» esclamò, insofferente a una vita ancora condizionata dal virus che imponeva di tenere indossate mascherine chirurgiche quando si fosse in presenza di altre persone.

Francesco si passò la mano fra i capelli, sollevato per quella interruzione che gli permetteva di non rispondere. Pietro aveva ragione, a dire che ne aveva combinati di pasticci, in campo sentimentale. Il fatto era che continuava a combinarne e l'ultimo era la cotta che aveva preso per la compagna del fratello, che salutò sentendo accelerare i battiti del cuore. Quella ragazza gli faceva sempre quell'effetto, con la ribelle capigliatura bionda che le ricadeva sulle spalle in una cascata di ricci disordinati, il viso rotondo e gli occhi azzurri, oltre alle forme generose del corpo: tutto contribuiva a renderla di una bellezza esuberante.

«Chissà se posso avere del vino?» chiese Viola dando un veloce bacio a Pietro e lasciandosi cadere sulla poltrona dove poco prima era seduta Marina.

«Ci penso io. Chi ne vuole ancora?» Carlo entrò in casa e tornò poco dopo con un altro bicchiere e la bottiglia di vino ancora piena per metà.

I bicchieri furono riempiti di nuovo e un altro brindisi riecheggiò nella sera.

In casa, Marina raggiunse il piano superiore e bussò alla porta del bagno adiacente la stanza da letto del marito. Da quando Francesco e Pietro non vivevano più con loro, avendo più camere a disposizione, avevano deciso di occuparne ognuno una personale. Enea, nel tempo libero, quando non era nel locale del sottotetto della casa a dipingere, era solito guardare la televisione fino a tardi e Marina amava leggere, così, ognuno poteva restare sveglio senza disturbare l'altro.

«Ancora in accappatoio?» il marito si era presentato sulla porta del bagno strofinandosi la testa con un asciugamano.

«Sono subito pronto, non ti agitare.»

Gli accarezzò il volto ancora umido. «Hai l'aria stanca.»

Lui le sorrise. «Non più del solito. Ora mi vesto e festeggeremo insieme il mio compleanno. E, naturalmente indosserò il tuo bellissimo regalo.» Marina, quella mattina, gli aveva fatto trovare sul comodino una scatolina preziosamente confezionata. All'interno, un orologio di ottima marca che Enea aveva apprezzato.

«Sono contenta che ti sia piaciuto. Mi auguro che tu ti sia ricordato di ritirare la torta.»

«L'ho lasciata in cucina.»

«Bene. Mi cambio e scendo, tra poco arriveranno tutti. Tu raggiungici appena puoi. Notizie di Virginia?» chiese Marina a proposito della suocera che, vedova ottantaduenne, viveva con una governante che di anni ne aveva sessanta, all'ultimo piano di uno dei condomini sulla sponda opposta del lago. Virginia guidava una BMW senza badare ai limiti di velocità e ai divieti di sosta che per lei erano solo una seccatura, come lo dimostravano i plichi di multe che giacevano su un mobile all'entrata del suo appartamento.

«Non verrà. Al telefono ha accampato un forte mal di testa» rispose Enea andando all'armadio a prendere gli abiti per la serata.

Marina non commentò, certa che il mal di testa della suocera fosse una scusa, e altrettanto sicura che Enea ne fosse contrariato. Sapeva quanto il marito si sentisse fastidiosamente sottomesso al cipiglio di Virginia e alla sua severità: la storia che da bambino si vedeva spesso stampare sul viso le cinque dita ossute della madre quando questa riteneva che dovesse dargli una lezione, Enea l'aveva raccontata più volte. Uscì dalla stanza e andò nella sua, che un tempo era stata quella di entrambi. Gettati su una sedia gli abiti del pomeriggio, indossò un vestito blu, un classico tubino in lana che le stava d'incanto sul corpo gracile, ereditato dalla madre; il fratello aveva invece preso la costituzione paterna, più massiccia. Aggiunse il suo consueto giro di perle, poi pettinò il caschetto castano e passò la matita sugli occhi dello stesso colore, solo un leggero strato di trucco sulla pelle chiara ed era pronta. Poco dopo era di nuovo al piano di sotto, passò in cucina a vedere se tutto fosse a posto – aveva ordinato dei piatti da un servizio di catering e chiamato una signora che la aiutasse per la cena – e ne uscì soddisfatta. In sala non c'era nessuno, ma, avviandosi verso il portico, incontrò Viola. «Marina, ti stavo cercando.» Le due donne si salutarono affettuosamente.

«Se hai bisogno di rinfrescarti vai pure nel bagno della mia camera» disse Marina alla compagna del figlio.

«Grazie.» In un attimo era su per le scale. «Queste

maschere! Al confronto, quelle chirurgiche per il Covid mettono allegria. Non mi ci abituerò mai!» si sentì dal pianerottolo il commento della ragazza alla collezione di maschere che Enea teneva esposte alla parete di casa.

Al suono del campanello, Marina andò al citofono e fece scattare la serratura del cancello. Poco dopo era alla porta e, apertala, accolse i primi ospiti. I saluti furono discreti, doverosamente senza contatto fisico per timore del tanto temuto virus. Poiché Pietro e Francesco erano spariti e di Margherita non si vedeva nemmeno l'ombra, Carlo fece da anfitrione insieme alla sorella, in attesa che il festeggiato si mostrasse.

«Mio fratello non si smentisce mai. Gli piace farsi aspettare» esclamò il fratello di Enea, Giacomo, che, arrivato con la moglie Elena, sorrideva ironico afferrando un bicchiere di prosecco da un vassoio posato sul tavolo.

«Andrea?» chiese Marina riferendosi al nipote, che aveva la stessa età di Francesco.

«Si scusa, ma proprio non riesce a venire a cena. Magari fa un salto più tardi» rispose Elena, visibilmente imbarazzata. Se Marina era offesa per quella defezione, non lo diede a vedere e continuò ad accogliere gli ospiti.

Altri arrivi movimentarono la casa: un paio di coppie e una ex collega di Marina. Bicchieri di prosecco furono distribuiti ai presenti, tutti amici di vecchia data, a eccezione di Mario Verano e della moglie Ada, che arrivarono per ultimi e che furono presentati agli altri ospiti.

«Che brivido conoscere così da vicino un commissario di polizia» squittì la moglie di una delle due coppie, facendo un timido inchino in direzione di Mario che, posando il bicchiere di vino su un mobile - lo aveva preso per cortesia, ma preferiva bere quando avesse messo qualcosa sotto i denti -, rispose con un: «Non è il caso, mi creda». Poi, per sfuggire al disagio di quella mondanità che non faceva per lui, si girò a osservare un quadro appeso alla parete, un paesaggio invernale dipinto dal padrone di casa.

All'arrivo di Enea e del resto della famiglia in quella specie di entrata trionfale, Marina si commosse.
«Evviva!»
«Auguri!»
Enea scese le scale per ultimo e ringraziò i presenti. Marina gli si avvicinò, lo prese sottobraccio e insieme si avviarono a tavola, seguiti dagli invitati.

La cena fu piacevole. Il cibo, consolatorio, sciolse gli animi. I sorrisi aumentarono di pari passo con il tono delle voci, gli antipasti furono apprezzatissimi e al termine del piatto di pasta al pesce di lago la padrona di casa fu acclamata. Marina, con la sua consueta modestia, confessò che le pietanze non erano state preparate da lei, ma prodigiosamente consegnate a casa e che qualcuno, nella sua cucina, ne completava la preparazione. All'annuncio, gli ospiti la presero amichevolmente in giro e brindarono al misterioso personaggio che stava lavorando nel locale attiguo.
In attesa del dolce, qualcuno uscì sotto il portico per una sigaretta e quasi tutti si sgranchirono le gambe.
Mario Verano raggiunse gli altri ospiti all'esterno e si avvicinò a Enea. I due si erano conosciuti per un furto che quest'ultimo aveva subito l'anno prima e l'uomo, dopo qualche tempo, incontrato il commissario per caso, lo aveva istintivamente invitato a cena insieme alla mo-

glie. Ada e Marina si erano trovate subito bene: la prima, nonna di tre bimbi - Tommaso di due anni e i gemellini Luca e Bianca nati da cinque mesi - e che non conosceva molte persone a Omegna per essersi trasferita insieme al marito da pochi anni, lasciando figlio e nuora a Milano, amava chiacchierare con la nuova amica, appena ritiratasi dal suo lavoro di maestra.

«Posso chiederti come stai?» lo apostrofò Mario, che sapeva delle cure alle quali l'amico si era dovuto sottoporre ultimamente, ma di cui chiedeva poco per paura di superare il limite del consentito, data la riservatezza di Enea.

«Bene, tutto sotto controllo. Sono medico, ricordalo, e come tale so come curarmi.»

«Mi risulta che tu sia in pensione. Non sarebbe ora che ti dedicassi solo alla famiglia e alla pittura?»

«Con la pandemia sono tornato in servizio, lo sai, e sai anche quanto bisogno di aiuto c'è stato, soprattutto di medici con la specializzazione in malattie polmonari come me. Purtroppo, non essendo poi stato bene, ho dovuto ridurre le ore di servizio.»

«So da Ada che Marina si lamenta che non ci sei mai.»

«Anche se Marina brontola intimamente mi capisce.» A Mario sembrò che il sorriso dell'amico fosse un poco più spento del solito. Gli occhi chiari dietro lenti senza montatura apparivano stanchi, e, sebbene apprezzasse l'affetto che tutti gli stavano prodigando, non doveva sentirsi completamente a suo agio. Se lo conosceva un po', Mario avrebbe scommesso che quella sera l'amico sarebbe stato più volentieri a festeggiare solo con moglie e figli.

«Enea, che bella serata, come sempre Marina ha

dato il meglio di sé.» Ada era arrivata accanto ai due uomini.

Il padrone di casa guardò la donna: portava bene gli anni – indossava un morbido abito marrone arricchito da una lunga collana dalle pietre turchesi – e la sapeva dedita al suo ruolo di nonna. Trovava che Mario e Ada formassero davvero una bella coppia.

Poco lontani dai tre, in un angolo del giardino, Giacomo si avvicinò a Francesco accendendosi una sigaretta.

«Tutto bene?» chiese al nipote, che se ne stava appoggiato al muretto prospiciente il lago smanettando al cellulare.

Francesco sollevò lo sguardo prestando così il viso magro alla luce che proveniva dal portico: «Sì, sì, bene. Andrea?»

«Aveva detto che sarebbe passato. Magari sta arrivando.»

«Ah.»

«Al lavoro?»

«Solito. Adesso mi hanno assegnato anche il ramo vita» rispose il ragazzo. Francesco lavorava in un'agenzia di assicurazioni a Omegna e si occupava principalmente di sinistri, ma da qualche tempo si era visto arrivare sulla scrivania pratiche diverse.

«E ti piace?» anche Giacomo era nel settore, perito presso una diversa compagnia assicurativa in zona e per questa ragione a volte zio e nipote collaboravano.

Francesco alzò le spalle. «È un lavoro come un altro.»

Giacomo stava per aggiungere qualcosa, ma il richiamo di Marina di rientrare lo interruppe. Gli ospiti sbucarono dai vari punti del giardino per avviarsi verso la casa. Francesco incrociò Viola che gli riservò una delle sue occhiate di fuoco e lui sentì un brivido di piacere corrergli lungo la schiena. Si ritrovarono tutti di nuovo seduti a tavola. A luci spente, Margherita spinse il carrello con la torta di compleanno. Un luminoso 62 troneggiava sopra lo strato di glassa.

Enea spense le due candeline sovrastanti i numeri. Furono scattate foto con i cellulari per immortalare il momento. Margherita costrinse mamma, papà e fratelli a un selfie familiare, e poi altri con zii e invitati. Minuti concitati, poi la torta fu tagliata e servita.

Proprio mentre si faceva onore al dolce in un ritrovato silenzio, rotto solo dal rumore delle posate, si udì il suono del campanello.

«Deve essere Andrea» esclamò Elena, felice di poter annunciare l'arrivo del figlio.

Fu Marina ad alzarsi e andare al citofono. Una voce si annunciò: non sembrava quella del nipote. La donna, fatta scattare la serratura del cancello, uscì. Quando rientrò era in compagnia di un uomo alto e un po' sovrappeso, di aspetto piacente, i capelli lunghi sul collo e uno sguardo vivace dietro le ciglia scure. Elena non commentò l'errore appena fatto e abbassò lo sguardo sul piatto. Il nuovo arrivato aveva un modo di tenere gli occhi socchiusi che lasciava appena intravedere iridi scure come la notte. L'arcata sopraccigliare destra deturpata da una cicatrice che, anziché rovinare il suo aspetto, gli dava una nota misteriosa. Nel complesso, con i suoi sessant'anni superati – era infatti coscritto di Enea – doveva ancora piacere molto alle donne, anche se nessuna era mai riuscita ad accaparrarselo togliendolo dalla condizione di single incallito. Si scusò per il ritardo avviandosi alla tavolata, dove raggiunse Enea che, sollevato il viso dalla torta ancora intatta, si alzò a salutarlo con un abbraccio. «Al diavolo il virus, tanto lo sai che io ormai sono immune, con il febbrone che mi sono portato via» scherzò Fabio stringendo a sé l'amico e facendo aderire il ventre massiccio al corpo esile di Enea.

«Ti presento il commissario Verano e sua moglie Ada» disse il festeggiato, non appena riuscì a sciogliersi da quell'irruenza improvvisa.

«Conosco il commissario, anche se non personalmente, sono avvocato, non dimenticarlo» esclamò Fabio dando la mano a Verano, che non commentò. Si rivolse verso Ada accennando un leggero inchino.

«Questo è per te.» Il nuovo arrivato porse a Enea un sacchetto rosso. Il festeggiato sbirciò all'interno della confezione e ne estrasse un involucro ricoperto da carta velina, e, oltre la leggera coltre immacolata, ecco che una maschera da carnevale sbucò dalla confezione: bianca e dorata, da damina, con intorno elaborati ricami e una veletta nera che pendeva sul basso.

«Così magari rallegri la tua collezione!» lo canzonò Fabio, riferendosi all'esposizione di maschere di Enea che, cominciata anni prima, nel tempo si era arricchita, ma nel complesso gli elementi erano piuttosto cupi e davano i brividi. «Guarda bene sul fondo.»

Il festeggiato guardò ancora nel sacchetto e ne estrasse un foglio arrotolato. Apertolo, sorrise nello scoprire una poesia di Gianni Rodari. Lo scrittore, nativo di Omegna, proprio in quei giorni era in auge in paese, per l'inaugurazione, prevista per il sabato, del museo a lui dedicato. Enea seguì con lo sguardo le parole in rima e lo sollevò sul viso dell'amico, commosso.

«Grazie.» Fabio lo guardò senza parlare, ma gli occhi

raccontavano un forte legame fra i due, nato sui banchi del liceo.

«Fabio, accomodati, ti porto subito la torta» gli disse Marina, andando verso la cucina, felice di allontanarsi per un attimo e poter nascondere agli ospiti il turbamento che quella maschera le aveva provocato.

Altri pacchetti furono scartati scoprendo una bottiglia di profumo, dei libri e una scatola di colori a olio, tecnica che il festeggiato prediligeva nell'eseguire i suoi lavori che occupavano, insieme alle maschere, la maggior parte delle pareti domestiche. L'allegria generale fece sì che nessuno si accorgesse che la padrona di casa, servito l'ultimo arrivato, non era tornata al suo posto, ma era uscita in giardino e, appoggiata a uno dei pilastri del portico, se ne stava immobile fissando il lago. Solo il fratello l'aveva vista uscire e l'aveva seguita.

«Su…» le pose la mano sulla spalla.

Marina la coprì con la sua senza voltarsi. «Sto bene.»

«Mi preoccupo per te, sorellina.»

«Non devi.»

«Lo faccio da sempre, non smetterò proprio ora.»

«Non mi piace quando il passato bussa alla porta.»

«Lo so, ma non devi più lasciare che quella vecchia storia ti faccia stare male, è comprensibile ma te la devi lasciare alle spalle.»

Marina gli sorrise. «Perché, tu ci sei riuscito?»

Carlo la guardò senza rispondere, mentre dall'interno della casa le voci giungevano allegre. Rimasero per qualche minuto in silenzio, estranei alla spensieratezza degli altri, che la reciproca compagnia stava facendo loro indossare la maschera del divertimento, che permetteva di accantonare almeno temporaneamente i problemi. E quando fratello e sorella rientrarono, si lasciarono coinvolgere dall'atmosfera, resa ancora più allegra da Fabio che stava sciorinando una barzelletta dietro l'altra.

Andrea era arrivato e stava mangiando una fetta di torta in un angolo, sotto lo sguardo severo della madre, palesemente seccata per il ritardo del figlio. Il ragazzo salutò Marina e Carlo, lo sguardo spento da un velo di torpore dato dagli alcolici che doveva aver bevuto prima di venire.

A sera inoltrata, la compagnia si sciolse. L'ultimo ad andarsene fu Fabio, che Enea accompagnò alla macchina e con il quale rimase a parlare qualche minuto, mentre Mario faceva manovra in cortile e Ada e Marina si salutavano dopo essersi accordate per cenare insieme la domenica successiva.

La casa, avvolta da un improvviso silenzio, fu assorbita dalla notte. Le luci esterne si spensero e solo poche finestre rimasero vigili nel buio.

«Vai a letto, tesoro, sono troppo stanca per rigovernare, farò tutto domani» disse Marina alla figlia, che si era messa a raccogliere i bicchieri sparsi per la sala. Enea si era già congedato e le due donne si salutarono augurandosi la buonanotte. La signora che aveva aiutato in cucina se n'era andata da tempo.

Margherita uscì nel portico. Scesi i pochi gradini, arrivò nel giardino: alberi di vario genere interrompevano il verde e cespugli sparsi creavano una geografia contorta. Vialetti e spiazzi lo facevano sembrare più grande di quanto non fosse nella realtà, e un balcone a sbalzo sull'acqua sovrastante una darsena si apriva sul Lago d'Orta. Lo specchio di lago che in quel punto comincia a stringersi verso i suoi confini più a nord, dove Omegna si adagia assecondando il corso del canale Nigoglia che la attraversa, con i condomini costruiti negli anni Sessanta, il municipio con i portici e il campanile di Sant'Ambrogio un po' arretrato. Completava il profilo della città la vecchia ciminiera, antenato testimone del passato glorioso della produzione del casalingo che la promuove a capitale del genere.

Nell'angolo più riparato del giardino, si accese una sigaretta. I capelli di un castano scuro con sfumature di mogano – eredità di una bisnonna, le era stato detto – ebbero un guizzo e gli occhi nerissimi rifletterono la fiamma. Della vivacità e spensieratezza profusa quella sera non rimaneva niente: lo sguardo era serio, un po' triste, e un osservatore attento avrebbe colto il tremore delle mani affusolate, altra eredità di famiglia. Guardò verso le finestre delle camere dei suoi: quella di sua madre spiccava ancora nella notte. Se la immaginò mentre camminava per la stanza a piedi nudi, gli occhi leggermente socchiusi, in segno di concentrazione. Ebbe un moto di affetto per quella presenza silenziosa e attenta, dolce e severa al contempo. Era stato grazie a lei se tre anni prima aveva superato un brutto periodo. Anche se a volte, in momenti di sconforto dati dalla debolezza che non la abbandonava mai, si chiedeva se ne fosse veramente uscita. Con la coda dell'occhio avvertì un bagliore provenire dalla stanza di suo padre: doveva essere la luce della lampada sul comodino. Spostò lo sguardo verso le persiane aperte, sapendo che dietro i tendaggi il corpo magro dell'uomo cercava riposo nel grande letto, sollevando appena le coperte. Provò tenerezza per quel padre premuroso dagli occhi azzurro cielo dove si specchiava quando era bambina, sedendosi sulle sue ginocchia. Ma adesso non era più una bambina, voleva laurearsi, trovare un lavoro e spiccare il volo. Doveva lasciarsi alle spalle quel senso di vuoto che a volte le prendeva, tagliare le catene che le sembrava la tenessero legata: doveva farcela a vincere sui propri demoni. Soffiò forte il fumo dalla bocca e gettò nel lago la sigaretta consumata solo per metà.

Le giunse all'orecchio un guaito leggero: era Melissa che aveva lasciato il suo nascondiglio in qualche angolo del giardino dove si era rifugiata, impaurita dal caos della serata. La ragazza si abbassò ad accarezzare il meticcio bianco e marrone che da sette anni faceva parte della loro famiglia, lo prese in braccio e lo portò con sé in camera.

Venerdì 22 ottobre

C'è un sapore di dolce abbandono, nel caos di una casa dopo una festa, un senso di calma avvolgente, un appagamento fatto di intima quiete dopo il divertimento. Bicchieri approdati sui piani lucidi dei mobili o caduti a terra, briciole sui piatti, tovaglioli accartocciati e carte stracciate negli angoli della casa, ricordi delle ore fatte di chiacchiere e risate.

Marina scese in soggiorno, la vestaglia chiusa mollemente sopra il pigiama. Passò oltre il disordine e andò in cucina. Mise la caffettiera sul fuoco e guardò fuori dalla finestra, in attesa. La mattina era tersa e prometteva una giornata limpida, ancora tiepida per la stagione. La sera precedente Enea era stato bene, anche i suoi figli e Viola, che faceva ormai parte della famiglia, le erano apparsi sereni. Gli amici avevano fatto sentire il loro affetto, e Carlo la sua costante vicinanza. In quanto ai cognati, non erano mai stati molto legati, ma avevano instaurato un rapporto di reciproco rispetto, e questo bastava. Andrea e Francesco, coetanei, si erano frequentati, in passato, e sembravano andare d'accordo. Poteva ritenersi soddisfatta. Il gorgoglìo del caffè che inondava il recipiente di alluminio su cui il disegno *dell'omino con i baffi*, simbolo dell'eccellenza omegnese conosciuto in tutto il mondo, ormai scolorito dall'uso, la scosse. Si servì del caffè lasciandosi avvolgere dal suo profumo intenso e uscì nel portico, tazzina alla mano.

Proseguì con i ricordi del giorno prima, troppo pigra per pensare a quello che stava per cominciare, alle preoccupazioni che avrebbe dovuto affrontare. Ma queste, piano piano si fecero strada, incuneandosi fra i pensieri più leggeri. Pensò, fra le altre cose, che sarebbe stato cortese telefonare alla suocera. Enea doveva essere ancora a letto, stanco dalla serata trascorsa. Al termine della festa, gli era apparso notevolmente provato. Marina sapeva che non stava ancora del tutto bene e il peso di quel fantasma aleggiava fra la preoccupazione di lei e il riserbo di lui. "State tranquilli, tutti quanti, sono in ottime mani." Era ciò che le diceva quando chiedeva delle sue condizioni di salute per un'epatite che si era presentata qualche mese prima ma che pareva si stesse risolvendo. Le sue assenze per i controlli medici a Milano la preoccupavano, con il Covid-19 che le impediva persino di accompagnarlo. Il resto del tempo, suo marito aiutava i colleghi per sconfiggere il virus, con un eroismo dettato dall'assoluta dedizione che aveva dimostrato per tutta la vita alla sua professione di medico.

Il caffè era terminato e il lago la fissava. La sponda di fronte si stava risvegliando al sole, le case di Omegna riprendevano vita. Sospirò e rientrò. Ripassò nel salone e gettò uno sguardo a quella specie di campo di battaglia. Più tardi sarebbe arrivata la signora ad aiutarla, ma appena vestita avrebbe cominciato a rigovernare.

Fu a quel punto che lo sguardo cadde sulla maschera da damina che Fabio aveva regalato a Enea e che le aveva provocato quella esagerata reazione emotiva. Era abbandonata sopra la carta della confezione che ora la incorniciava facendo risaltare l'oro dei ricami e il nero della veletta. I bordi dei buchi per gli occhi sembravano quelli di un pozzo senza fondo. Lei era abituata alle maschere appese sulle pareti di casa, ma non a quel senso di inquietudine, di falsità e di doppio che le evocavano ogni qualvolta le guardava. E ora, proprio una damina, doveva andare ad aggiungersi all'esposizione! Fabio non poteva sapere quanto poco opportuna fosse in quella casa, ma Enea sì, e non l'avrebbe certo obbligata ad averla davanti agli occhi. La riavvolse nella velina facendo cadere a terra il foglio con la poesia di Rodari.

Le rime di *Scherzi di carnevale* le danzarono davanti agli occhi.

Una porta al piano di sopra sbatté e rapidi passi scesero le scale. Marina riavvolse il papiro e lo ripose nel sacchetto insieme alla maschera.

«Ciao mamma, io esco.» Margherita arrivò in sala e le schioccò un bacio sulla guancia.

«Senza mangiare nulla?» la madre la squadrò: no, non era dimagrita. L'aveva tenuta d'occhio, la sera precedente, e aveva notato che aveva mangiato pochissimo, come spesso accadeva. La preoccupava, quella figlia riservata e spesso malinconica, e con un rapporto con il cibo decisamente complesso, come testimoniava la sua eccessiva magrezza.

«Mi vedo al bar con un'amica, ti prometto che vado di cappuccio e brioche.»

La ragazza non le diede il tempo di ribattere e sparì oltre la porta di casa, non più tardi di un minuto dopo si udì il rombo di un motore.

Marina si avviò su per le scale, il sacchetto del regalo di Fabio fra le mani, incrociando Melissa, che scendeva scodinzolando. Le accarezzò la schiena e si avviò alla porta della stanza del marito: voleva vedere se era alzato. Nessun rumore. Bussò piano. Nulla. Lo chiamò per nome. Ancora nulla. Una vaga ansia le si insinuò nell'animo. Dopo un altro leggero ticchettio con le nocche delle mani, entrò.

Il pendolo della sala risuonò nove melodiosi rintocchi.

Verano, quella mattina, malgrado si fosse coricato più tardi del solito e con una quantità di vino in corpo ben oltre il limite a cui era abituato, si alzò di buon umore. Prese il caffè al tavolo della cucina come d'abitudine, insieme a Ada.

«Piacevole serata, vero? I Medici sono proprio belle persone. Sono contenta di averli conosciuti. Prima di salutarci, ieri sera, Marina ci ha invitati a cena per domenica. Le ho detto che glielo confermeremo domani, quando avremo deciso se andare o meno a Milano per il fine settimana» gli disse la moglie. «L'ho vista preoccupata, di certo lo sarà per le condizioni di salute di Enea. Ti ha detto qualcosa?»

«L'indispensabile. Sai com'è fatto. Comunque, l'ho trovato bene, un po' stanco forse.»

Rimasero così, come a decantare ciò che si erano detti. I silenzi di una coppia di vecchia data sono silenzi leggeri, come un parlare muto, prolungamento delle parole appena pronunciate. E quando la voce viene ritrovata non è che l'estensione dei pensieri, la chiusura di quella parabola che è la comunicazione fra i due.

«Sarà meglio che vada. Ci vediamo a pranzo. Hai programmi per la giornata?» chiese Verano rompendo il familiare silenzio avvicinandosi alla moglie per il leggero bacio di commiato che usavano darsi ogni qualvolta si separavano, abitudine consolidata negli anni.

«Credo che andrò a fare qualche commissione. Clara mi ha detto di aver bisogno di magliette per i gemellini, vorrei comperargliene qualcuna.» La presenza della donna nella vita del figlio e della nuora era una costante, resa ancora più incisiva negli ultimi tempi, per i preparativi per il battesimo dei bambini fissato per il mese successivo. Ada non perdeva comunque mai occasione di essere utile alle esigenze della giovane famiglia che andavano a trovare più spesso che potevano nella città dove anche loro avevano vissuto fino a quattro anni prima. Ossia fino a quando Mario, innamoratosi del Lago d'Orta in occasione di un'indagine che aveva dovuto svolgere in sostituzione del collega per un caso di omicidio a Orta, vi aveva chiesto il trasferimento quando lo stesso era andato in pensione. Milano restava sempre là, in sospeso fra di loro: la nascita dei nipoti era un richiamo forte, ma per il momento cercavano di convivere con la loro condizione di nonni a distanza. Comunque, a Mario non mancava molto alla pensione, e quando fosse arrivato a quel traguardo importante, avrebbero dovuto scegliere se rimanere a Omegna o tornare nella loro città di appartenenza.

Non appena in macchina, Verano si avviò al lavoro. La sede del commissariato da qualche tempo era stata trasferita, e lui non si era ancora abituato alla struttura sovrastata da un tetto dalla strana forma. Il suo ufficio al primo piano, poi, fin troppo spazioso per le sue esigenze, lo metteva un po' a disagio e sarebbe tornato volentieri a quello vecchio nella ben più piccola palazzina dalla parte opposta della cittadina, da dove si poteva vedere il lago. Lì, invece, erano solo grigi fabbricati a offrirsi alla vista nei riquadri delle finestre dell'ufficio.

«Buongiorno commissario.» L'agente Giulia Tosi salutò il suo superiore alzando il viso dalla scrivania. L'ufficio della giovane donna era adiacente a quello del commissario e lei lo occupava insieme a un agente che aveva sostituito Matteo, il collega con il quale aveva condiviso il lavoro fino all'anno prima, quando, con grande dispiacere di tutti, era stato trasferito a Novara.

Verano ricambiò il saluto e si guardò intorno alla ricerca del nuovo collega che doveva prendere servizio proprio quel giorno. «L'ispettore Merola?» sapeva che l'uomo veniva da un piccolo paese della provincia di Caserta e che doveva avere una quarantina di anni, ma nulla di più.

«È andato a lavarsi le mani.»

«Poi venite da me, che vediamo di fare le presentazioni.»

Verano si chiuse in ufficio e andò come di consueto alla finestra: dallo spicchio di cielo che si vedeva da lì, il sole si stava alzando e prometteva una bella giornata. Il telefono alla sua scrivania squillò.

«Buongiorno, Mario.»

Ebbe un involontario tuffo al cuore, come sempre gli capitava nell'udire quella voce.

«Buongiorno, dottoressa.»

«Andiamo, ancora con queste formalità!» La civetteria della donna era ormai proverbiale alla Questura di Verbania, di cui Claudia De Angelis era a capo. E quell'atteggiamento malizioso, insieme a una statuaria bellezza da sessantenne ben tenuta, rendevano la dottoressa De

Angelis, questore insediata da pochi mesi nel capoluogo di provincia da cui dipendeva anche il commissariato di Omegna, un personaggio chiacchierato nell'ambiente, ma anche stimato e temuto.

«Lei è un mio superiore, questore.»

«Va bene, va bene. Dimentico sempre quanto lei sia integerrimo.» Una risatina ironica risuonò alle orecchie di Mario che si appoggiò allo schienale sorridendo suo malgrado.

«Sempre, quando occupo questa sedia, dottoressa» le rispose.

«Ben detto. Io invece la prendo in giro, commissario e lei ci casca sempre» ribatté la dottoressa De Angelis. Stava firmando una serie di documenti mentre un agente le girava i fogli per agevolarla. «Comunque, l'ho chiamata per dirle che domani sarò a Omegna: io e lei siamo tra le autorità invitate all'inaugurazione del nuovo museo. Immagino che la vedrò.»

«Sì, certamente. Non mancherò.» Verano aveva ben presente l'appuntamento per la mattina seguente, sabato, in occasione del simbolico taglio del nastro che avrebbe dato il via all'apertura del museo dedicato a Rodari.

«Bene, allora ci incontreremo là. E poi, se mi concedesse qualche minuto, avrei un paio di cosa di cui parlarle.»

«Va bene, dottoressa. A domani.»

Verano non ebbe il tempo di rimuginare su quell'appuntamento che lo avrebbe quasi certamente tenuto impegnato fino all'ora di pranzo, che pochi rintocchi alla porta reclamarono la sua attenzione. «Avanti!»

L'agente Giulia Tosi e l'ispettore Antonio Merola entrarono, quest'ultimo concentrato e visibilmente teso. Mentre si sedevano, Verano poté osservare il nuovo arrivato: il fisico forte di chi ama passare del tempo in palestra, capelli scuri con primi accenni di grigio sulle tempie, occhi neri che gli conferivano uno sguardo difficile da definire, duro ma con una nota delicata. La stretta di mano fu vigorosa.

«Bene, Merola, le diamo il benvenuto. Qui siamo una bella squadra e io ho molta fiducia nella capacità dei miei sottoposti, e da oggi anche lei ne farà parte. Giulia e gli altri agenti le faranno vedere un po' di cose, si ambienti, prenda dimestichezza con l'ufficio. Spero di trovare in lei in valido collaboratore.»

«Grazie, commissario.»

«Quando si è trasferito di casa?»

«Abbiamo traslocato questo ultimo fine settimana, in un appartamento in affitto in uno dei condomini di fronte al porticciolo.»

«Bene. Ancora benarrivato.» Verano dedusse che doveva avere una famiglia al seguito, ma non osò chiedere nulla. Ci sarebbe stato tempo, per conoscere meglio il nuovo collega. Seguì ancora qualche considerazione circa l'organizzazione del lavoro, poi i due si alzarono per raggiungere le proprie postazioni. A Merola fu assegnata una scrivania nello stesso ufficio di Giulia.

Verano, rimasto di nuovo solo, ritornò con il pensiero al questore con un sentimento misto fra un certo fastidio per quel modo così confidenziale con il quale si rivolgeva a lui e che lo metteva a disagio, e di ammirazione per la sua indiscussa competenza. La dottoressa De Angelis era, a dispetto di quell'atteggiamento che poteva sembrare frivolo, una donna tutta d'un pezzo e sempre pronta a mettersi in gioco. Lo aveva preso in simpatia da subito: «Scommetto che un giorno o l'altro, ce la farò, a farla ridere!» gli aveva detto alla fine di uno dei loro primi incontri. Se in quel momento la dottoressa De Angelis avesse potuto vedere il sorriso stampato sul viso del commissario, avrebbe dichiarato che era sulla buona strada per vincere la scommessa.

Verano lasciò i pensieri più futili e si concentrò sul lavoro che quella mattina non si presentava particolarmente pressante.

Ma non aveva ancora fatto i conti con l'imprevisto che si annunciò al citofono del commissario attraverso una voce femminile che chiedeva aiuto.

Il campanile della chiesa di Sant'Ambrogio suonò nove rintocchi.

La stanza di Enea appariva in disordine, i vestiti della sera prima appoggiati sulla sedia accanto al letto, le coperte gettate indietro, qualche libro abbandonato sul comodino insieme a un paio di scatole di medicinali. Marina posò su una poltrona il sacchetto con il regalo di Fabio e andò verso il bagno, la cui porta era appena accostata. Chiamò ancora il marito, ma neanche dal piccolo locale uscirono rumori, nemmeno quello dell'acqua che scorre. Spinta la porta e oltrepassata la soglia, dovette constatare che Enea non c'era. Che fosse nel sottotetto a dipingere? No, lo avrebbe sentito salire. Imprecò a voce alta. Poteva sopportare che suo marito trascorresse molto del suo tempo fuori casa, ma non che non la avvisasse nemmeno quando usciva. Come poteva non aver udito nemmeno il rumore della macchina? Doveva essere molto presto e lei ancora in pieno sonno. Tornò nella camera e si guardò in giro.

Lo vide subito, il foglietto appoggiato sullo scrittoio:

aperto in bella vista e i caratteri neri impressi dalla calligrafia di Enea sul bianco della carta:

Sono uscito presto, perdonami se ieri sera non ti ho detto nulla, non volevo tediarti con i miei problemi. Vado a Milano per alcuni esami per un paio di giorni. Stai tranquilla. Ti abbraccio. Enea. P.S.: grazie della bella festa.

Marina sollevò lo sguardo dallo scritto. Accidenti a lui e alla sua caparbietà! Gettò il biglietto sul piano di legno e uscì dalla stanza. Passò nella sua e si vestì in fretta. La donna venuta ad aiutarla a rassettare la casa la trovò una mezz'ora più tardi in cucina, testa bassa, a riporre nei mobili le stoviglie lavate. Che ci fosse maretta nell'aria se ne accorse subito e non chiese nulla alla signora, con la quale condivise in silenzio le ore delle pulizie.

Enea guidava a velocità sostenuta, le braccia tese avanti, le mani sul volante e lo sguardo sulla striscia bianca che gli scorreva di lato. Dalla radio, una musica delicata riempiva l'abitacolo.

Un'improvvisa frenata dell'auto che precedeva la sua lo fece sobbalzare. Staccò il piede dall'acceleratore e l'altro dalla frizione e schiacciò con tutta la forza che aveva su quello del freno.

L'auto sbandò facendolo riemergere al presente.

Carlo entrò in chiesa e girò un po' per i banchi, come era solito fare non appena aveva del tempo libero. La collegiata parrocchiale di Sant'Ambrogio si offriva in tutta la sua maestosa bellezza e lui si lasciò sedurre come sempre, soffermandosi in vari punti della bella costruzione in stile barocco, fino ad arrivare nella grotta della Madonna di Lourdes, a cui si accedeva da una piccola porta, sulla sinistra dell'altare maggiore. All'interno, sullo sfondo di una scura grotta, spiccava il bianco delle due statue della Madonna e della bambina in adorazione.

Pensava alla sua famiglia. «La famiglia, ricordatevi che è molto importante…» era solito ripetere alle giovani coppie che venivano in parrocchia per i corsi prematrimoniali, pronti a formarne di nuove, di famiglie. E lui, oltre al suo Dio, i suoi nipoti, il cognato e soprattutto la sorella, erano la cosa più importante che avesse. Con Marina aveva un legame molto stretto, da quando, giovanissimi, già provati dalla perdita di una loro sorellina di soli cinque anni che la sera prima il regalo di Fabio li aveva costretti a ricordare, avevano perso i genitori a causa di un incidente stradale. Da Novara, erano così andati a vivere presso zii paterni in un paese minore della provincia, finché lui non era entrato in seminario e Marina in collegio. Entrambi avevano cercato di approdare alla vita adulta arginando il senso di vuoto che li aveva avvolti. Marina aveva conosciuto Enea che viveva a Omegna, dove insieme avevano costruito una bella famiglia, mentre lui, diventato prete seguendo una fede incondizionata, aveva cercato di essere assegnato a una parrocchia che gli permettesse di stare vicino alla sorella e, dopo vari spostamenti, era giunto nella stessa cittadina di Marina come umile servo di Dio, in aiuto al parroco.

Uscì dal piccolo locale e raggiunse l'altare dove si inginocchiò in un momento di raccoglimento: un rumore di passi proveniente dal fondo della chiesa lo distolse dai suoi pensieri, doveva essere una delle donne che passavano ogni tanto per un segno della croce o una breve preghiera. I passi erano lesti e si avvicinavano.

Non si girò per non risultare invadente, ma il tocco sulla sua spalla sinistra lo fece sobbalzare.

La voce che gli giunse all'orecchio sembrò piegare le fiamme delle candele poco distanti.

Il campanile della chiesa di Sant'Ambrogio suonò nove rintocchi.

Francesco sollevò lo sguardo dal computer a cui fece seguire tutto il corpo e si avviò verso il bagno. L'insoddisfazione e il nervosismo lo travolgevano impedendogli di concentrarsi sul lavoro. La sera prima, dopo la cena di compleanno di papà, suo cugino Andrea lo aveva convinto per un'ultima birra, così avevano tirato mezzanotte passata e lui era tornato nel suo bilocale di Brolo stanco e nervoso, aveva ingoiato un sonnifero conquistando pochissime ore di sonno che gli avevano lasciato una scia di pesante stanchezza. Il risultato era il pietoso spettacolo che quella mattina dava di sé.

«Francesco, si ricorda che il dottor Fornara, che, come sa, è uno dei nostri più importanti assicurati, sarà qui alle tre? Spero abbia preparato le proposte di polizza» gli chiese il suo principale, vedendolo transitare come uno zombie verso la porta a vetri smerigliata in fondo al corridoio.

«Sì...» rispose lui cercando di darsi un tono, oltre che di ricordare chi fosse il dottor Fornara e se avesse già istruito la pratica a cui il capo pareva tenere in particolar modo. Raggiunse il lavabo e, aperto il rubinetto, lasciò che l'acqua fredda gli inondasse il viso. Per qualche istante si sentì meglio. Ma il sollievo non durò e quando fu di nuovo alla sua postazione di lavoro cercando la cartellina che gli serviva, la testa diventava sempre più pesante e la giornata sempre più difficile da affrontare.

Il campanile della chiesa di San Gaudenzio, eco a Sant'Ambrogio, suonò nove rintocchi.

«Con chi posso parlare? Sono preoccupata per la mia amica» esordì la ragazza annunciata dai rintocchi del campanile che dal commissariato si sentivano molto bene e che per un attimo sembrarono una tetra colonna sonora a quella inaspettata entrata di scena.

Alta e ben proporzionata, sulla testa una coda alta, legata in modo da far ricadere i capelli come una fontana, dove l'acqua era sostituita da sottili fili corvini. Gli occhi grandi, distanti, resi cupi dall'ombra di allarme che vi si leggeva, bocca e naso coperti dalla mascherina chirurgica imposta dalle restrizioni anti-Covid. Indossava pantaloni e giubbotto neri e anfibi dello stesso colore.

«Desidera?» chiese l'agente rispondendo al citofono.

«Io… sono preoccupata per la mia amica, non la trovo più» ripeté.

L'agente aprì il cancelletto e si avvicinò al vetro che dava sull'entrata. «Un attimo» le disse. Fece una breve chiamata sulla linea interna, poi tornò a rivolgersi alla ragazza. «Entri pure, in fondo a destra, c'è una sala d'aspetto, attenda lì.»

Fu Giulia ad andare incontro alla nuova venuta e a prenderle il documento di identità.

«Non riesco a mettermi in contatto con la mia amica, sembra scomparsa nel nulla» ripeté la nuova arrivata fissando Giulia.

«Venga con me.»

Giulia fece passare la giovane donna al piano superiore e la fece sedere a una scrivania messa in un angolo della stanza, poco distante, l'ispettore Merola seguiva la scena in silenzio.

«Sara Ferrero?» Giulia guardò il documento nelle sue mani: la foto a colori ritraeva la ragazza seduta di fronte a lei con qualche anno in meno, i capelli più corti e il viso più tondo, di una bellezza ancora acerba. «Tolga pure la mascherina.»

«Sì», rispose l'altra scoprendo la bocca dalle labbra sottili e un piccolo neo appena sotto il naso che attribuiva al viso una maturità più adulta.

«Mi racconti quello che è successo.»

«Sono arrivata a Omegna ieri, con il treno delle sei e mezza. Marta era già qui, arrivata con quello delle due e mezza. Eravamo d'accordo di incontrarci al bed and breakfast che avevamo prenotato. Il posto era lontano dalla stazione, ho camminato per tutto il lungolago, fino in fondo, mi sono persa e ci ho messo più di un'ora. Mentre camminavo ho chiamato Marta un paio di volte al cellulare, ma non mi ha risposto e al mio arrivo lei non c'era. Mi sono seduta fuori dal cancello e ho aspettato un sacco di tempo. Poi mi sono decisa a chiamare i proprietari, ha risposto una donna che mi ha raggiunta. Siamo entrate insieme nella stanza che Marta aveva già occupato, abbiamo trovato il suo cellulare sotto carica sul comodino, la valigia aperta sul letto e alcune cose sparpagliate in giro. La proprietaria mi ha detto di avere incontrato Marta alle tre e mezza, quattro meno un quarto, le ha fatto vedere la stanza e dato una copia delle chiavi. Poi se n'è andata.»

«Quando aveva sentito la sua amica?»

«Mentre entrava in stazione. Mi ha mandato un messaggio. Ecco…» così dicendo la ragazza cercò sul suo cellulare il messaggio dell'amica delle 14.35.

"Sto arrivando a Omegna, vado a cercare la stanza e faccio un giro. Ci vediamo questa sera. Preparati a una bella sorpresa. Sarà un grande compleanno."

«Durante il pomeriggio solo un messaggio, insieme a una foto, poi più niente.» Sara mostrò anche quell'ultimo messaggio delle ore 16.15.

"Qui è tutto bellissimo, c'è persino il Barone Lamberto!"

Insieme, lo scatto di uno scorcio del lungolago, gli alberi con le foglie dorate e la struttura bianca posizionata nell'acqua a pochi metri dalla riva, raffigurante il celebre personaggio nato dalla penna di Rodari.

In quel momento Verano uscì dall'ufficio. «Giulia, dovresti telefonare a…» ma si fermò nel vedere quella ragazza dall'aria spaventata. «Ci sono problemi?»

«Stiamo ascoltando la signorina Sara Ferrero, di Torino. Dice che da ieri non trova più la sua amica.» L'agente riferì in breve ciò che la ragazza le aveva appena detto. Verano rimase lì, accanto alla scrivania, e la invitò a proseguire. Sara ripeté ciò che aveva appena raccontato a Giulia e Antonio.

«C'è una ragione precisa che vi ha fatto scegliere Omegna?» chiese Verano che aveva ascoltato con attenzione la ragazza.

«In gita. Oggi è il mio compleanno, compio diciannove anni, e volevamo festeggiare, abbiamo letto che sta per essere inaugurato un museo dedicato a Gianni Rodari. Abbiamo letto tanto le sue storie, da bambine, e così abbiamo pensato di visitarlo.»

«Conoscete qualcuno, qui?»

«No.»

«Anche Marta è di Torino?»

«Sì.»

«Come si chiama di cognome?»

«Giordano.»

«E vive con i suoi?»

«Solo con la madre.»

«Perché non siete arrivate insieme?»

«È stata Marta a volere così, e quando lei decide una cosa, deve essere quella, non ammette obiezioni. È fatta così. Ma ho acconsentito, pensando che volesse venire prima per preparare qualcosa per il mio compleanno, comunque, avevo da fare e così sono partita alle quattro, mentre lei ha lasciato Torino a mezzogiorno.»

«Perché siete venute in treno? Nessuna delle due possiede un'auto?»

«Abbiamo la patente da meno di un anno, ma non possediamo una macchina nostra. A volte usiamo quelle delle nostre mamme.»

«Ha avvisato la madre di Marta?»

«No, non l'ho chiamata.»

«Signorina, noi non abbiamo elementi per cercare la sua amica, a meno che lei non voglia sporgere denuncia di scomparsa.»

«Devo farlo io?»

«Le consiglio di tornare al bed and breakfast, aspetti qualche ora. Ci lasci comunque un suo contatto e dove è alloggiata. Se oggi pomeriggio non vi sarete ritrovate, ritorni qui in commissariato, raccoglieremo la sua denuncia e ci attiveremo nelle ricerche.» Sara Ferrero alternava lo sguardo tra il commissario, Giulia e Merola. «Senta, la capisco. Però ora sarebbe comunque corretto che prima di tutto avvisi la madre di Marta, la denuncia la può certamente sporgere anche lei, ma la sua famiglia deve sapere ciò che sta accadendo. Il padre dov'è?»

«Se n'è andato quanto Marta era piccola e non hanno più alcun contatto con lui.»

«Vedrà che Marta le sta preparando una sorpresa, anche nel messaggio glielo annuncia» intervenne Giulia.

Sara si alzò afferrando lo zainetto che al suo arrivo aveva posato a terra. «Va bene. Farò come dite. Allora torno oggi pomeriggio.» Dettò a Giulia il suo numero di cellulare e il nome della struttura dove era alloggiata, l'Antica Corte che si trovava in zona Bagnella, oltre il porticciolo.

«Vedrà che non sarà necessario. E se questa situazione non si risolverà a breve, avrà tutto il nostro aiuto» la rincuorò Verano.

Poco dopo la ragazza uscì dal commissariato.

«Cosa ne pensa, commissario?» chiese l'ispettore Merola stampando un'occhiata cupa sul viso di Verano. I pensieri che stavano passando per la mente del nuovo arrivato sembravano non avere niente di buono.

«Mi sembra presto per allarmarci» rispose Verano, senza credere realmente alle sue parole e tornò nel suo ufficio, dimenticando il motivo per cui ne era uscito.

Adesso il cielo sopra Omegna sembrava meno limpido.

Margherita, a un tavolino del bar di piazza Salera, elegante balcone sull'ansa più stretta del lago che termina con le paratoie di regolazione delle sue acque, aspettava l'amica che, come al solito, era in ritardo. La ragazza ingannava l'attesa fumando la terza sigaretta della giornata. Il cappuccino si stava raffreddando davanti a lei, così come il cornetto coperto dal tovagliolino di carta, ordinato dalla ragazza per istintivo senso di ubbidienza verso la madre, ma ben sapendo che l'avrebbe divorato l'amica al suo arrivo. Lei, quella mattina aveva lo stomaco chiuso. Udì la suoneria del cellulare. Rispose con un sorriso. «Ehilà, nonnetta.»

«Ciao, tesoro.» La voce di Virginia le giunse all'orecchio. «Com'è andata la festa di tuo padre?» La curiosità dell'anziana donna era proverbiale, in famiglia.

«Bene, bene. C'era un po' di gente. Anche il commissario, che figata!»

«Chi?» Virginia sapeva della conoscenza del figlio con il commissario di polizia di Omegna, ma dovette stupirsi della sua presenza alla festa, perché il suono della voce uscì stridulo dall'apparecchio telefonico.

«Il commissario, come si chiama? Mario, il cognome non me lo ricordo.»

«Che tipo è?»

«Di quelli che piacciono a papà, di poche parole come lui. Era con la moglie, una bella signora, elegante.»

«Papà com'era, ieri sera?»

«Al solito, anche peggio, direi. Sai quanto odi la confusione.»

«Mm. Regali?»

«Niente di che. Ah no, uno particolare c'è stato. Di Fabio. Si è presentato con una maschera.»

«Non sarà mica originale! Tuo padre ne ha già tante.»

«Sì, sì, nonna, hai ragione, ma quella era da damina. Una cosa molto chic, con tanto di ricami e veletta.» La ragazza rise.

«Mm.» Quel giorno Virginia era in vena di commenti criptati. «Tu come stai?»

«Bene. Peccato che non c'eri, comunque.»

«Oh, sai, alla mia età, bisogna andare a letto presto.»

«Proprio tu dici questo, che passi le ore a giocare a burraco con le tue amiche.»

«Ma se sono quasi due anni che non ci gioco più, per colpa di quel maledetto Covid!»

«Nonnina, non raccontarlo a me.»

Amava profondamente quell'anziana donna, magrissima e i capelli bianchi sempre raccolti a crocchia. A volte le attribuiva il nomignolo di Katty, perché le ricordava la famosa attrice Katharine Hepburn. «E tu, che hai preso a tuo padre?»

«Un maglione. Pietro e Francesco un abbonamento a una rivista medica. O meglio, Pietro ha pensato al regalo e Francesco gli ha dato il suo contributo, ammesso che si sia ricordato. Mamma un orologio.»

«Eccomi!» Margherita udì la voce dell'amica alle spalle e dovette chiudere la telefonata. «Ciao, nonna!»

Dall'altra parte del telefono, Virginia era pensierosa.

Le due ragazze restarono parecchio al bar a chiacchierare, mentre la cittadina prendeva sempre di più vita, con i negozi e i bar del centro tutti aperti. Non molto lontano, oltre il municipio, segnalato dalle parole di una famosa filastrocca dedicata ai bambini di tutto il mondo, il museo dedicato a Gianni Rodari si stava vestendo a festa.

E quando il campanile di Sant'Ambrogio risuonò undici ritocchi Omegna era in piena attività, con un sole appena velato da nuvole passeggere, in un clima ancora tiepido per ottobre.

Seduta sul letto della stanza in fondo al balcone a ringhiera dell'Antica Corte, Sara si guardava intorno. Era tornata lì come consigliatole dal commissario e ora doveva decidersi a chiamare la madre di Marta. Conosceva la signora Vittoria da quando lei e Marta facevano le elementari – Sara era rimasta subito colpita da quella ragazzina magrissima che si accendeva come un cerino per un nonnulla, e diventava una belva se qualcuno le chiedeva di suo padre. Solo a lei aveva detto la verità, un pomeriggio fuori da scuola, uscendosene senza preavviso con la dichiarazione che il padre aveva lasciato lei e la madre da un giorno all'altro – e da allora non si erano mai separate, vicine di banco fino al liceo classico. Durante i mesi di lockdown causato dal Covid si collegavano in streaming e rimanevano a parlare attraverso il video del computer per ore. Dopo il diploma conseguito quell'estate, si erano iscritte alla facoltà di lettere. Avevano sempre condiviso tutto, oltre allo studio, passioni e vacanze, come quella dell'agosto prima della pandemia, a Rimini. Fino alla piccola gita sul Lago d'Orta.

Il cellulare le mandava continui segnali di ricevimento di messaggi: erano tutti auguri di compleanno. Poi, la suoneria la avvisò dell'arrivo di una chiamata.

«Auguri, tesoro!» Era sua madre.

«Mamma…»

«Cosa c'è?» La voce della figlia l'aveva allarmata. Non era il tono che la donna si aspettava.

«Marta è scomparsa!»

«Oh, mio Dio, Sara. Ma cosa dici?»

«Sono arrivata ieri sera e lei non c'era. Mi aveva avvisata appena scesa dal treno, di primo pomeriggio, che sarebbe andata a prendere possesso della camera e ci saremmo viste al bed and breakfast, la sera. E… niente!»

«Non ti starà facendo uno scherzo? Sai che ne sarebbe capace.» Manuela Brunatti conosceva bene il temperamento dell'amica di sua figlia e la cosa non l'avrebbe sorpresa.

«Oh, ci ho pensato.» Certo che lo sapeva, di cosa Marta fosse capace. «E la polizia ha ipotizzato che mi stia facendo una sorpresa.»

«Sei già stata alla polizia? Sua madre lo sa?»

«No, non ancora. Ma mi hanno consigliato di avvisarla. E poi di tornare a fare denuncia di scomparsa.»

«Chiamala subito. Tu come stai?»

«Io sto bene, mamma.»

«Ti richiamo più tardi. Sono ad Avigliana, ma se serve arrivo subito.» La ragazza sapeva già che la madre era nella casa di famiglia, dove, da quando era rimasta vedova, cinque anni prima, si rifugiava spesso.

Sara guardò l'ora: le undici e mezza. Era giunto il momento di chiamare la madre di Marta, certamente al lavoro: era infermiera in un ospedale di Torino. Respirò e strisciò l'indice sul vetro del cellulare.

Vittoria Marino rispose al terzo squillo.

«Sara, ciao!» Alla ragazza parve di cogliere una nota d'ansia. La donna doveva essere stupita che non fosse la figlia a chiamarla, ma l'amica. «Tutto bene?» Si fermò in mezzo al corridoio del reparto con il cellulare all'orecchio.

«Buongiorno, sì. Cioè… mi dispiace, non voglio allarmarla, ma io e Marta ieri non ci siamo incontrate.» A Sara le parole uscirono d'un fiato.

«In che senso non vi siete trovate?» Adesso l'ansia non

era più solo una nota, dettata dall'istinto materno che capta segnali di pericolo per i figli.

«Ieri sono arrivata a Omegna ma Marta non c'era.» Sara ripeté il racconto fatto alla polizia.

«Ho visto Marta ieri mattina, prima di uscire per andare al lavoro, poi non ho più avuto sue notizie. Senti, Sara, io adesso non posso muovermi dall'ospedale. Tu vai alla polizia.»

«Ci sono già andata e mi aspettano per fare denuncia se non c'è niente di nuovo a breve. Mi dica lei, cosa devo fare.»

«Fai come ti ho detto, e fai subito denuncia. Ci sentiamo più tardi, se non ci sono novità, appena finito il turno vengo lì.»

Dopo aver biascicato un «Va bene», Sara riattaccò fra sentimenti contrastanti, dal sollievo per aver saputo affrontare quella difficile telefonata, alla paura della situazione che stava vivendo. Afferrò lo zainetto e uscì.

Il tragitto fino al commissariato di polizia lo percorse per la seconda volta quella mattina con passo svelto e nervoso lungo la via più interna all'abitato, parallela al lungolago, e quando passò sotto il municipio le campane suonarono mezzogiorno. Una Cinquecento rossa la sfiorò, ma lei nemmeno se ne accorse, troppo presa dai suoi pensieri.

«Ehi!» Viola imprecò dal posto di guida della Cinquecento.

«Ma cosa fai?» Pietro, seduto al suo fianco, la redarguì. «Guarda che sei tu che hai torto! Era sulle strisce.»

«Si è messa ad attraversare senza guardare!» Viola, che stava tornando a casa insieme al compagno, non era del suo solito buonumore e la ragazza vestita di nero e con una coda di cavallo che le sovrastava la testa che le aveva attraversato la strada era stata un'ottima scusa per dar sfogo al nervosismo. Non faceva che pensare che Francesco stava diventando troppo insistente, e lei doveva far qualcosa per troncare sul nascere una situazione che rischiava di far deragliare la sua relazione, già in bilico.

Quando al cellulare arrivò la notifica di un messaggio, Pietro la guardò, ma lei non ricambiò lo sguardo, né controllò il telefono.

A Omegna, le ore del pomeriggio trascorsero veloci e concitate. L'incedere del tempo verso il fine settimana dava vita a quel meccanismo di aspettativa riposta nelle ore a venire. I bar si affollarono e i bicchieri degli aperitivi colorarono i tavolini, le chiacchiere degli avventori presero quella piega rilassata del venerdì sera.

Non era così per il commissario Mario Verano, che, informati la dottoressa De Angelis e il PM dottor Davide Vinci della denuncia di scomparsa di una ragazza di Torino, Marta Giordano, diciannove anni, aveva attivato le operazioni di ricerca.

La signora Ada, nell'udire al telefono la voce tesa del marito, spense il fuoco su cui stava per avviare la cena. Prese un libro e si preparò a una serata in solitudine.

Sabato 23 ottobre

L'aria frizzante del mattino coloriva il viso della donna, una maschera di solchi profondi scavati nella pelle abbronzata, sopra il quale la chioma bionda trattenuta da una fascia rosa brillante dava l'illusione di un'età molto inferiore a quella reale. La corsa era lenta e spostava con scatti affaticati il corpo magrissimo fasciato da pantaloni tecnici neri e maglia aderente rosa, le scarpe sproporzionate sembravano tenerla attaccata al suolo come zavorre colorate. Uscì dal sentiero che collega Omegna a Ronco – ne aveva percorso solo il tratto fino all'inizio del bosco, dove il passaggio si riduce a una striscia di terra fra i rovi rendendo il percorso troppo difficoltoso per lei – e superò le due coperture a forma di cupola del centro sportivo. Imboccò il marciapiede del lungolago, verso il porticciolo di Bagnella, giungendo alle rivette prima dei pontili di attracco delle imbarcazioni, dove si fermò. Il crampo arrivato all'improvviso la costrinse ad appoggiare la gamba allo schienale di una panchina.

Dall'immobilità di quella posizione scorse, in fondo al pendio erboso che si apriva davanti a lei, qualcosa che sembrava aver squarciato il fondale del lago per formare un'immagine diversa. Come se il disegnatore di un fumetto, improvvisamente impazzito, avesse aggiunto un elemento estraneo alla storia che si stava raccontando, facendola virare verso un finale inaspettato. Portò istintivamente la mano al fianco in cerca del cellulare, ma si ricordò che quando usciva a correre non lo portava mai con sé. Con il cuore che le batteva impazzito in petto, abbassò la gamba e rivolse lo sguardo alla strada, in cerca di qualcuno a cui chiedere aiuto.

In città c'era molta aspettativa per il museo dedicato allo scrittore Gianni Rodari che si inaugurava quel giorno, nel centenario – più uno a causa della pandemia – dalla nascita. La curiosità era alta per quella promessa di una "Fantastica storia" che avrebbe trasportato il visitatore in un fantasioso mondo parallelo fatto di parole con cui l'artista omegnese ha giocato per immaginare un mondo migliore.

Carlo uscì dalla casa parrocchiale di piazza Beltrami e si avviò verso il museo, dove il parroco lo attendeva. Erano entrambi invitati per la benedizione dei nuovi locali, insieme alle autorità cittadine cui spettava il simbolico compito del taglio del nastro.

«Buongiorno, Carlo!» La voce di Fabio lo raggiunse a metà della via che dalla piazza conduce al municipio. L'amico di Enea non si era mai adeguato a chiamarlo con l'appellativo che lo classificava come testimone di Nostro Signore. Si fermò.

«Fabio, che piacere!»

«Dove va di bello? A salvare anime?» L'uomo aveva però mantenuto l'abitudine di dare al religioso del *lei*, in segno di rispetto.

«Al museo che si inaugura questa mattina.»

«Ecco, i soliti privilegiati!» Gli occhi scuri dell'uomo lo guardarono con gioviale malizia, rimarcata dalla cicatrice. «Ho sentito che oggi l'entrata sarà riservata solo a pochi fortunati.»

Carlo sorrise, facendo un gesto eloquente, di chi non si sente un eletto, ma un semplice servitore. «L'altra sera non ci siamo nemmeno parlati, sono stato felice comunque di incontrarla. Lei è un buon amico, per Enea» disse cambiando argomento.

Fu la volta di Fabio, di fare il gesto evasivo di chi non si prende troppo sul serio. «Ci conosciamo dal liceo. Poi la vita ci ha portato su strade differenti: medico lui, avvocato io. Ma in qualche modo siamo sempre rimasti in contatto, d'altronde viviamo nella stessa città che conta poco più di quindicimila anime, come le chiamerebbe lei. Che mi dice del mio regalo?»

Carlo ripensò alla maschera da damina che aveva turbato così tanto Marina. «Originale.»

«Ho sempre preso in giro Enea per quella sua strana mania di collezionare maschere. Mi è sembrato un modo per farmi perdonare, ma la maschera l'ho presa come piaceva a me.»

I due si salutarono e si mossero per proseguire i rispettivi tragitti. Sulla porta del museo, Carlo incontrò il parroco che stava parlando con il sindaco. Poco distante, defilato rispetto al capannello delle autorità, il commissario di polizia Verano parlava al cellulare. Accanto a lui, una donna in tailleur fucsia e capelli grigi cortissimi lo guardava visibilmente allarmata. Erano molti i curiosi che riempivano lo spazio di strada davanti al museo, tutti rigorosamente con la mascherina chirurgica sul viso.

«Signori, cominciamo?» propose qualcuno.

Il commissario Verano ascoltava le parole che gli giungevano all'apparecchio telefonico, la litania era quella delle tragedie, la cadenza che l'agente Giulia Tosi stava usando era quella di chi, suo malgrado, è portatore di cattive notizie. Alzò lo sguardo alla dottoressa De Angelis, la quale, al corrente delle ricerche di Marta Giordano, pensò che dovevano averla trovata. E dal viso del commissario, non era stata trovata viva. Negli occhi azzurri magnetici della donna passò un'ombra che li fece apparire un lago ghiacciato.

«Arrivo subito.» Verano chiuse la telefonata e si scostò dalla folla, seguito dal questore.

«Hanno trovato un corpo nel lago. Una donna.»

«È la ragazza che stiamo cercando?»

«Ancora non si sa.»

«Dove?»

«Nella zona del porto. L'ha avvistato qualcuno poco fa, mentre correva sul lungolago.»

Abbandonarono l'area davanti il museo, dove il sindaco stava pronunciando il suo discorso, raggiunsero la macchina di servizio, posteggiata non lontano. I due non ci impiegarono più di due minuti ad arrivare sul luogo del ritrovamento. Qualche curioso veniva tenuto lontano da un agente. L'ispettore Merola lo avvicinò per indicargli la donna che aveva trovato il corpo: si chiamava Marianelli Maria Rosa, a Omegna conosciuta semplicemente come La Rosa, storica tabaccaia dell'edicola davanti al municipio che, a più di ottant'anni la si vedeva ancora correre o andare in bicicletta con disinvoltura. Era seduta su una panchina lì vicino, visibilmente scossa.

A riva, arenato ai margini di un canneto, giaceva un corpo a faccia in giù, i capelli castani lunghi, divisi in ciocche a raggiera, le braccia aperte. Verano scese il declivio di erba bagnata che lo costrinse a frenare i passi, mentre la dottoressa De Angelis rimaneva a bordo strada, lo sguardo fisso alla scena.

Il medico legale era abbassato al livello del corpo e ne stava esaminando la testa deturpata da una grossa ferita. Dopo averlo girato scoprendo il viso cereo di una ragazza, su cui erano evidenti i segni di piccole escoriazioni, proseguì la pietosa ispezione. Il commissario aveva guardato abbastanza, nelle ultime ore, la foto che l'amica di Marta Giordano, insieme alla madre della ragazza arrivata nella tarda serata del giorno prima, avevano dato loro per le ricerche, per affermare che era lei, o ciò che ne rimaneva, anche se il riconoscimento sarebbe toccato alla madre.

Il questore ebbe una specie di singulto, un sussulto che non era dell'inquirente, ma della donna che vede l'aspetto più brutto del mestiere che si era scelta. Si strappò la mascherina dal viso scoprendo le labbra serrate. Fra i pensieri che le si affacciarono alla mente, ci fu quello rivolto alla donna che aveva messo al mondo quella povera creatura e a ciò che avrebbe dovuto affrontare. In quel momento fu felice che Dio non l'avesse voluta madre: sebbene privata di tale gioia, almeno era certa che le sarebbe stato risparmiato uno strazio simile.

Il dottor Marco Mancini intanto terminò il primo esame di quel corpo che emanava l'odore umido della morte.

«Le ferite alla testa sono evidenti, non sono l'effetto di una semplice caduta: sono state certamente inferte. Appurerò se sono state la causa della morte, o se è morta per annegamento, comunque parecchie ore fa.»

Fra i presenti seguì un silenzio che pesava come un

macigno, poi Verano, salutato il medico che si avviò alla sua auto, rimase qualche secondo in quella specie di rituale che sentiva nascere dentro di sé in quelle situazioni: una sorta di omaggio alle vittime al cui fianco era chiamato per esigenze di servizio. Gli occhi erano stati chiusi dal medico, il viso gonfio pareva sprofondare nel terreno e i capelli fradici si erano appiccicati alla testa. Una ciocca di questi, chiarissima rispetto alla capigliatura scura, attirava l'attenzione sulla tempia destra della ragazza: una nota di civetteria che Marta si era concessa. Era bella: non alta, il corpo magrissimo vestiva abiti casual composti da jeans, camicia bianca, maglione a punta color azzurro cielo, piumino corto nero e anfibi scuri.

Si scostò per lasciare che il cadavere venisse rimosso e portato nell'obitorio dell'ospedale di Verbania. Poi risalì fino alla strada. A lui toccava andare ad avvisare la madre e l'amica che aveva dato per prima l'allarme. Lo disse alla dottoressa De Angelis, che negli ultimi minuti non aveva proferito parola. «Vengo con lei» esclamò decisa. Verano le fu silenziosamente grato dell'offerta.

Si mossero. L'Antica Corte non era distante: quella notte Marta l'aveva trascorsa a non più di poche centinaia di metri dalle persone che le volevano bene e che erano in pena per lei.

E a quelle persone non servirono parole, bastarono loro gli sguardi degli inquirenti che si presentarono al bed and breakfast.

La madre di Marta dovette appoggiarsi allo stipite della porta, e a Sara toccò sorreggerla per evitare che cadesse a terra.

Nessuno trovò le parole per rompere il dolore, che rimase il solo e unico protagonista della scena.

Alle quattro del pomeriggio Verano era a casa. Per quel giorno non c'era altro che si potesse fare. Il PM aveva disposto l'autopsia che il dottor Mancini avrebbe eseguito il lunedì. La madre di Marta aveva visto e riconosciuto il corpo appena ricomposto della figlia, vedendo svanire anche l'ultima speranza di poterla pensare ancora in vita: lui l'aveva accompagnata insieme all'amica, che però non ce l'aveva fatta a entrare nella stanza dell'obitorio, rimanendo in corridoio. La ragazza stava aspettando che arrivasse la madre, in viaggio verso il lago.

Ada non era in casa e lui fu felice di potersi concedere un momento di solitudine. Prima di lasciare l'ufficio si era consultato con la dottoressa De Angelis e insieme avevano stabilito di aggiornarsi dopo l'esito dell'autopsia. La ferita alla testa della ragazza faceva purtroppo pensare al peggio: se qualcuno l'avesse colpita, si sarebbe stato di fronte a un omicidio. Non aveva però detto ancora nulla in quel senso alla madre di Marta, la notizia della morte della figlia era già abbastanza crudele.

La chiave che girava nella toppa della porta gli annunciò l'arrivo della moglie.

Alla donna non servì chiedere nulla a Mario, i discorsi della gente erano già abbondantemente straripati oltre la sfera privata riportando, con elementi più o meno veritieri, l'accaduto.

Domenica 24 ottobre

Melissa scodinzolò felice ai piedi di Mario e Ada. Il meticcio, di solito impaurito da chi non conosceva, quella sera faceva eccezione per quei due ospiti che lo accarezzavano senza premere troppo sul pelo raso, bianco sul petto, marrone e bianco sul resto del corpo, con una chiazza più scura al centro della schiena.

«Melissa è un cane particolare» spiegò Marina. «Lo abbiamo preso dalla cucciolata di un allevamento sette anni fa, ha un carattere tutto suo: testarda come un mulo e paurosa all'inverosimile, soprattutto delle biciclette. Si è infatti spaventata una volta – doveva avere un paio d'anni –, quando, liberatasi dal guinzaglio durante una passeggiata, è stata quasi investita da un gruppo di ciclisti. Da allora corre a ripararsi nel primo nascondiglio utile non appena ne vede uno.»

«È tenerissima, sembra mi voglia dire qualcosa.» Ada continuava ad accarezzare la testa dell'animale, sorridendo.

«È difficile che si lasci andare così con estranei. La state veramente conquistando» commentò Enea.

Le giornate così tragiche per Omegna erano, a dispetto degli eventi, dolci e morbide di un autunno dai meravigliosi colori, con il fogliame delle piante con le varie tonalità di giallo che dall'ocra al marrone, dal rosso al rame, regalava al paesaggio una cornice stupenda. Quella domenica era stata insolitamente calda e la sera non era che il tiepido proseguimento delle ore diurne. La cena in casa Medici era terminata e le due coppie stavano prendendo il caffè in salotto.

«Buonasera a tutti, io esco» esclamò Margherita mentre transitava per il soggiorno. Era ben vestita e truccata, cosa insolita per lei. Allo sguardo stupito della madre, disse che andava a cena con amici, ma che sarebbe tornata presto.

«Mi raccomando.»

«E di cosa? Dai, mamma, cosa vuoi che mi succeda?»

Nessuno lo avrebbe confessato, ma quella tragedia nel lago aveva turbato profondamente gli animi e a Omegna si avvertiva un'atmosfera di pericolo, come se la morte di quella povera ragazza fosse stato un monito, e ogni ragazza, ora, avrebbe potuto seguire lo stesso destino.

Marina augurò buona serata alla figlia. Lo stesso fecero Enea e gli ospiti seguendola con lo sguardo mentre usciva richiudendosi la porta alle spalle.

Mario aveva trascorso la domenica cercando di riposare un po', ma la mente era comprensibilmente sempre rivolta alla ragazza morta. Lui e Marco si erano consultati a lungo al telefono e il medico gli aveva riferito senza ombra di dubbio che quelle ferite non poteva essersele procurata con una semplice caduta: era stata colpita alla testa, più di una volta, con un corpo contundente. Aveva voluto anche andare al bed and breakfast a parlare con la madre, per dirle con tutto il tatto di cui era capace che sua figlia era quasi certamente stata uccisa. La donna si era dimostrata coraggiosa, ma si era vista così aggiungere all'angoscia l'incredulità di una morte così assurda.

Prima di lasciarsi gli aveva chiesto di accompagnarla sul luogo del ritrovamento, dove si erano recati insieme anche a Sara e sua madre in pietoso pellegrinaggio. Adesso non restava che aspettare l'esito dell'autopsia e quindi stabilire con il PM la strada da seguire per le indagini.

«Quando penso con che professionalità hai saputo gestire il furto che abbiamo subito l'anno scorso! Ti sei dimostrato un ottimo commissario.» La voce di Marina lo distolse da quei pensieri. Probabilmente i padroni di casa e Ada avevano intrapreso una conversazione che a lui era sfuggita. Dovette sforzarsi per riemergere nel salotto di casa Medici.

«Non abbastanza, visto che i ladri non sono stati trovati.»

«Sei stato comunque molto attento» continuò la donna. «E, dimmi... Ci conosciamo da un po' ma di te so molto poco. Cosa fa un uomo come te nel tempo libero? Collezioni qualcosa? Come sai, Enea ha il pallino delle maschere e ama dipingere. Tu?»

«Niente di tutto questo. A me piace leggere.»

«Gialli? E scovi l'assassino nelle prime pagine?»

«Sì, anche. Ma non solo. Narrativa in genere, ma anche libri di storia. E, no, non sempre trovo l'assassino. Gli scrittori sono di un'altra pasta, diversa dagli assassini reali. Sono più bravo nella realtà.»

«Sai a quale personaggio nato dalla fantasia di uno scrittore ti abbino? A Maigret. Me lo ricordi nei modi riflessivi, e anche la tua vita familiare è come la sua, con una moglie a fianco, proprio come lui» disse Marina lasciandosi condurre dalla fantasia stimolata dalle letture che amava. «Io dei libri gialli amo l'aspetto dell'investigazione, e in questo Simenon è bravo. Ma tu non hai bisogno di qualcuno che scriva le mosse per te, ci devi arrivare da solo.»

«Maigret è descritto come un burbero che fuma la pipa e ama mangiare e bere, mi vedi così?»

Marina sorrise. «Penso che tu abbia particolarmente a cuore l'aspetto umano delle persone, e dei casi che ti ritrovi ad affrontare, proprio come faceva Maigret.»

«Ben detto. E spero che risolverai anche l'enigma che tiene in scacco Omegna, in questi giorni.» Le parole di Enea ebbero l'immediato effetto di far svanire il fantasma di Maigret.

«Enea! Non penso proprio che Mario abbia la benché minima idea di parlare della brutta morte di quella ragazza!» Lo redarguì la moglie.

«Non ho nessuna intenzione di farlo parlare di questo» si difese l'uomo.

«Non preoccupatevi. Infatti, non desidero parlarne.»

Melissa sollevò prima il musetto poi tutto il corpo verso Mario, per riacciambellarsi subito più vicino all'uomo. Doveva proprio piacergli, per arrivare a tale dimostrazione di abbandono.

Lunedì 25 ottobre

Il bar all'angolo della piazza di Omegna contava una decina di presenze che, al suono di otto rintocchi provenienti dal vicino campanile, prendevano il caffè prima di iniziare la giornata.

Pietro, in piedi davanti al bancone, guardava distrattamente fuori dalla vetrata del locale. Era pensieroso: con Viola, la sera prima avevano avuto un altro dei loro battibecchi. Doveva fare qualcosa per stare di nuovo bene insieme. Poteva proporle, per quel fine settimana, che sarebbe stato più lungo con la festività degli Ognissanti che cadeva il lunedì, di andare al mare. Tre giorni in Liguria avrebbero fatto bene al loro rapporto. In quell'istante il fratello passò davanti alla vetrata del bar. Pagò e uscì.

«Franci!» lo chiamò.

Il fratello si bloccò, girandosi. Alla vista di Pietro non si mosse, aspettando che lo raggiungesse. «Ehi, come va?» si sentì chiedere. Né lui né il fratello parevano essere di buon umore.

Francesco alzò le spalle. «Sto andando a lavorare.»

«Che hai fatto nel fine settimana?»

«Niente di che.»

«Neanche noi. Pensavo adesso di portare Viola al mare, il prossimo weekend.»

Francesco ebbe un lieve tuffo al cuore, lui e Viola si erano mandati dei messaggi, la sera prima, e gli era parso di fare passi avanti. E adesso, Pietro, con la sua uscita, poteva mandare tutto per aria. «Bella idea» esclamò nascondendo il disappunto. Certo che ce la stava mettendo proprio tutta a incasinarsi la vita, ma Viola gli piaceva e non gli sembrava di esserle del tutto indifferente. Dopo una serie di relazioni finite troppo presto e male, come suo fratello gli aveva ricordato la sera del compleanno del padre, a Francesco sembrava di vedere in Viola la compagna che cercava. Provava rimorso nei confronti di Pietro, certo, ma ogni volta che avvertiva la morsa del disagio all'imboccatura dello stomaco, la faceva tacere, troppo desideroso di vivere finalmente una bella storia.

Pietro guardò il fratello che non parlava. «Accidenti, Franci, sei pallido come un cencio. Ti senti bene? Non avrai mica preso il Covid? Pare che i contagi stiano aumentando, nella nostra zona.»

«Ma no, sono solo depresso, il mio capo mi sta sempre alle costole.»

«Su, devi farti un po' le ossa, lo sai, poi con il tempo, se saprai muoverti bene, magari riuscirai a rilevare l'agenzia e diventare agente.»

L'altro lo guardò storto. «Agente? Io? Ma ti pare! Be', adesso devo andare, ci sentiamo.» Francesco si allontanò. Il malumore di cinque minuti prima si era trasformato in solenne incazzatura.

Pietro era rimasto a guardare il fratello allontanarsi. Gli sembrava sempre così insoddisfatto. Sentì il bisogno di fare un saluto a Margherita, anch'ella sempre sul filo del rasoio. La chiamò, ma la sorella non rispose e al sesto, inutile, squillo chiuse la chiamata e ripose il cellulare in tasca. Si avviò in ufficio ad affrontare un'altra settimana di lavoro, ma il pensiero era già alla Liguria, insieme a Viola.

Margherita guardava scorrere il paesaggio mentre ascoltava musica dagli auricolari, la testa appoggiata al finestrino del treno diretto a Milano Centrale. Il Lago Maggiore le stava sfilando a fianco, l'Isola Pescatori e l'Isola Bella le passarono davanti agli occhi, rosee nelle prime luci di quella giornata che sperava le portasse qualcosa di buono. La serata con gli amici era andata bene e si era divertita, adesso però, l'incontro con il relatore della tesi con il quale aveva appuntamento in università la preoccupava, sapeva di essere indietro, ma sperava di strappargli il consenso su quello che aveva già fatto. Un'ondata di odore di cipolla la scosse: la ragazza che si sedette di fronte a lei con un trancio di focaccia che spuntava dalla carta oleata fra le mani le fece storcere il naso. Come si faceva a mangiare cipolla a quell'ora della mattina? Un senso di nausea la avvolse. Guardò istintivamente il cellulare, l'aveva chiamata Pietro, ma lei aveva il telefono in modalità silenziosa e non aveva sentito. Fece per richiamarlo, ma cambiò idea. Lo avrebbe fatto più tardi. Scivolò ancora di più nel sedile in pelle e alzò il volume negli auricolari. Non si accorse della donna che la guardava da due sedili più avanti nella carrozza. La signora Ada aveva cercato di salutarla, ma lei, troppo concentrata sulla musica, non l'aveva scorta.

Gli strumenti per l'autopsia erano esposti in bella vista sul piano d'acciaio. Il dottor Mancini entrò nell'obitorio e trovò la sua aiutante già sul posto, bardata con camice, copricapo, guanti e mascherina. Ne poteva vedere bene solo gli occhi, di un castano velato da sfumature color miele, che brillavano dietro gli occhiali di plastica.

«Buongiorno, dottore. Qui è tutto pronto.»

«Grazie, Nadia. Cominciamo.»

La donna e il medico ebbero solo un momento di incertezza, una specie di lungo sospiro emesso quasi all'unisono. Marco prese il bisturi dalle mani di Nadia e si abbassò sul corpo di Marta.

La donna lesse l'ora dall'orologio appeso alla parete piastrellata per prenderne nota prima di cominciare. «Marta Giordano, anni diciannove» aggiunse Mancini subito dopo, i riflessi gialli della luce al neon sembravano danzargli davanti agli occhi.

Nel pomeriggio, Mancini, tornato a Omegna, decise di andare personalmente dal commissario con il referto dell'autopsia. Sui fogli che aveva sottoscritto con la sua inconfondibile grafia grande e illeggibile, termini spietati spiegavano le ragioni che avevano causato la morte della ragazza. Verano lo ricevette immediatamente.

«Causa della morte sono i colpi ripetuti alla base del cranio con un oggetto piatto, forse un asse di legno – è stata trovata una scheggia di quel materiale sulla ferita – o qualcosa di simile. I colpi sono stati diversi e violenti. Dopo il primo deve essere caduta in avanti battendo la faccia, che aveva evidenti escoriazioni, gli altri li ha ricevuti che era già accasciata a terra. È caduta in acqua che era già morta, diverse ore prima del ritrovamento. Direi nella serata del giovedì. Non ci sono segni di lotta. D'altronde è stata sorpresa alle spalle, non si sarà nemmeno accorta della minaccia che aveva dietro di sé.» Il medico si fermò, sapeva che Verano non amava avere troppi particolari tecnici a voce, quelli li avrebbe letti sul referto.

«Chi l'ha assalita la voleva morta» dichiarò Mario.

«Su questo non c'è dubbio.» Il medico decretò così l'omicidio.

«L'arma può essere stato un remo?» chiese Verano. La prossimità dell'acqua e del porto poteva far pensare alla presenza di un tale oggetto, che corrispondeva alla descrizione dell'arma usata dall'assassino.

«È possibile» rispose il medico.

«Non abbiamo trovato lo zainetto che l'amica sostiene avesse con sé.»

«Se è caduto nel lago con lei, prima o poi verrà a riva, proprio come il suo corpo. Oppure è abbandonato da qualche parte.»

«Bisognerà cercare lungo la riva. Intanto la ringrazio, è stato utilissimo, come sempre.»

«Si immagini. Grazie per i suoi apprezzamenti, mi fanno piacere, ma sono sicuro che chi mi sostituirà sarà più bravo di me. Più giovane, certamente» esclamò il dottor Mancini guardando Verano, che ricambiò lo sguardo senza capire. «Non ho ancora avuto modo di dirglielo: a fine anno me ne andrò in pensione» terminò l'altro.

«Sono molto felice per lei, anche se purtroppo perderò un ottimo collaboratore. Cosa farà? Tornerà a casa sua? Se ricordo bene, mi ha detto di essere laziale.»

«Sì, voglio passare i miei ultimi anni pescando e guardando il mare. Anche a lei non dovrebbe mancare molto alla pensione, non è vero?»

«Circa un anno.»

«Anche lei pensa di tornare a Milano? O ormai il lago è diventato il suo luogo ideale dove stare?»

«Non c'è paragone, fra la vita di città e quella di provincia. La semplicità che si vive qui, a Milano è impensabile. Ma là abbiamo nostro figlio, la nuora e ben tre nipoti. Non credo che mia moglie riuscirà a starne lontana.»

«Immagino.» Si alzò. Mancini e Verano si diedero la mano. Il medico legale uscì dall'ufficio non prima di aver ribadito al commissario la sua completa disponibilità per qualsiasi chiarimento sul caso, sul cui progredire lo pregava di tenerlo informato. Appena fuori dal fabbricato si avviò a piedi: quel giorno aveva terminato il lavoro, così decise di fare due passi. A casa non c'era nessuno ad attenderlo, vedovo da anni, la figlia era andata a vivere in Germania ma non l'aveva ancora fatto diventare nonno, come invece aveva fatto il figlio del commissario. A lui non rimanevano che i ricordi e qualche amico che si era fatto negli ultimi venti anni di lavoro negli ospedali di Omegna, Verbania e Domodossola.

Arrivò fino al lago e si avviò verso la zona di Bagnella, dove era stato trovato il corpo di cui lui quel giorno aveva fatto scempio. Un pensiero gli balenò nella mente, involontario come lo sono la maggior parte dei pensieri. Anche lui sarebbe morto volentieri in acqua, meglio quella del mare, però. L'acqua del mare, impetuosa ma anche materna come un abbraccio, l'aveva visto nascere e crescere. Quella del lago gli faceva venire i brividi, gli ricordava una strega cattiva.

Verano, intanto, aveva raccolto i pensieri prima di convocare i suoi collaboratori per i consueti confronti.

Chiamò l'agente Tosi e l'ispettore Merola, che si sedettero di fronte a lui. Aveva deciso di coinvolgere il nuovo collega, quell'uomo gli era istintivamente simpatico e lo sguardo che gli aveva rivolto quando l'amica della ragazza si era presentata in commissariato, gli avevano fatto capire con quanta serietà prendeva il lavoro.

«A Omegna c'è un assassino» e spiegò loro quanto riferito dal medico legale. «Dobbiamo ricostruire tutti i movimenti di giovedì pomeriggio della ragazza, da quando è arrivata con il treno. Andate in giro per la città, nei bar, negozi, ovunque può essere andata, mostrate la foto e chiedete se qualcuno l'ha vista. Sentite l'ufficio di Polizia Municipale, voglio le registrazioni della videosorveglianza del centro. Parlerò con la madre e l'amica, informerò il PM dell'esito dell'autopsia e gli chiederò autorizzazione a procedere nelle indagini come meglio riterrò. Cercheremo lo zainetto di Marta e voglio parlare informalmente con un po' di amici, quelli più vicini a lei. Anche se è morta lontano da Torino, non è detto che l'assassino non sia venuto da là. Voglio sentire anche la donna del bed and breakfast, al momento è l'ultima persona che sappiamo essere venuta in contatto con Marta Giordano. Giulia, cercala tu per favore e chiedile di venire qui domani mattina.»

La chiamata alla madre di Marta durò poco. Verano le disse lo stretto necessario e la convocò in commissariato, insieme a Sara. La pregò di preparare una lista di amici di Marta o chiunque potesse considerarsi vicino alla ragazza.

L'arrivo della telefonata della dottoressa De Angelis gli giunse con un tempismo perfetto. La donna non si risparmiava, sul lavoro, sempre fra i primi la mattina a varcare la soglia della questura e fra gli ultimi a uscire, sfilava davanti all'agente di turno con le sue impeccabili mise. Verano si era ormai abituato ad avere a che fare spesso con lei, che voleva essere sempre informata sugli sviluppi dei casi che seguiva, contrariamente al questore precedente che delegava il commissario in tutto, riponendo in esso piena fiducia sul suo agire. Non che la De Angelis non avesse fiducia in Verano, anzi, lo stimava moltissimo, ma quel controllo totale sull'operato nei commissariati di sua competenza erano la sua prerogativa. Verano riferì dunque quanto a sua conoscenza.

La donna, che aveva ancora ben impressa negli occhi l'immagine del corpo di Marta Giordano, lo ascoltò con attenzione. «Vediamo di sbattere in galera quell'assassino al più presto.» Verano avvertì la rabbia nella voce del questore.

«Farò del mio meglio, dottoressa. Qui in commissariato questo caso ha la priorità assoluta.»

«A proposito, com'è il nuovo ispettore?» chiese la donna addolcendo il tono.

«Mi sembra in gamba.»

«Lo coinvolga, non è stato fortunato, ma sul lavoro non si risparmia. La saluto.»

Verano rimase con l'apparecchio fra le mani, a chiedersi cosa avesse voluto dire il questore.

Martedì 26 ottobre

La madre di Sara, arrivata il sabato pomeriggio da Avigliana, era nella sala d'aspetto del commissariato, mentre Sara e Vittoria erano nell'ufficio di Verano. Il rumore di una pioggia insistente che dall'alba opprimeva Omegna faceva da sottofondo. Nel vedere sopraggiungere, trafelata e bagnata di pioggia, la padrona del bed and breakfast, che aveva già incontrato presso la struttura, Manuela alzò lo sguardo e le due donne si scambiarono un saluto mesto.

«So quanto tutto questo sia penoso, ma devo confermarle l'ipotesi dell'omicidio: Marta è stata colpita più volte alla nuca, prima di cadere in acqua.» Verano aveva parlato cercando di non ferire oltre a quanto non lo fosse già la madre di Marta. Sara, seduta di fianco alla donna, ascoltava. Entrambe avevano gli sguardi fissi su di lui.

«Chi può aver voluto mia figlia morta?» Il viso della madre di Marta era cereo, mentre Sara sembrava di pietra.

«Lo scopriremo, glielo prometto, signora.» Lasciato passare qualche secondo, proseguì con informazioni più pratiche, per stemperare le forti emozioni che si respiravano nell'ufficio. «Stiamo cercando il suo zainetto che ci avete detto avesse con sé, e tal proposito, vi chiedo di descriverlo nei dettagli. Abbiamo inviato il cellulare di

Marta alla Polizia Scientifica per la perizia informatica e chiesti i tabulati telefonici.» Verano omise di riferire che aveva appena appreso con il più profondo disappunto che le telecamere di sorveglianza che il Comune aveva posizionato nella zona del municipio, quel giorno erano disattivate perché in manutenzione. Il commissario aveva represso un'imprecazione quando l'agente Ricci gli aveva riferito la risposta dell'ufficio di Polizia Municipale. «Vi ho chiesto di stilare una lista di amici o persone a lei vicine. Vorremmo sentire chiunque possa essere a conoscenza di qualcosa della vita di Marta che l'abbia portata a quanto accaduto.»

«Lo zainetto di Marta era proprio come il mio, della Eastpak» disse Sara mostrando il suo, di colore turchese. «È un po' più sciupato e la cerniera della tasca davanti è rotta. E anche Marta ha un gadget uguale a questo, li abbiamo dalla vacanza dell'altra estate, a Rimini, dove abbiamo fatto un corso da sub. Ce li hanno regalati due ragazzi che abbiamo conosciuto in quell'occasione» e mostrò una piccola sagoma di plastica in tuta da subacqueo.

«È sicura che avesse quello zainetto? Non poteva averlo cambiato per la gita?»

«Non se ne separava mai» spiegò Sara. «Questa è la lista dei nostri amici» aggiunse posando sulla scrivania un biglietto.

«Sapevano della vostra gita a Omegna?»

«Io non l'ho detto a nessuno, Marta non lo so, ma non credo.»

«C'è un ragazzo che contava più di altri?» chiese Verano guardando il biglietto su ci erano riportati cinque nominativi, quattro maschili e uno femminile.

Sara esitò. «Luca stava addosso a Marta, ma lei non ne voleva sapere» disse poi. «Sono stati insieme per un po', l'anno scorso, poi lei lo ha mollato, ma lui la cercava sempre. È il primo della lista: Luca Volpi.»

«E, al momento, non c'era nessuno che le interessava?»

«No, in questo periodo era più propensa a divertirsi e a dedicarsi allo studio che a impegnarsi in una storia.»

«Va bene, la ringrazio, Sara. Lo contatteremo, e con lui anche gli altri che ci ha indicato. Chiederemo loro di venire al più presto in commissariato per sentire cosa hanno da dirci sulla loro amicizia con Marta. Ha qualcosa che vuole aggiungere, signora Marino? La prego di non tralasciare nulla, se ha qualche sospetto su persone che in qualche modo potrebbero avere avuto del rancore verso sua figlia me lo dica. Famiglia compresa. Sarà usata la massima cautela, glielo assicuro.»

«Vi è più utile Sara di quanto non possa esserlo io, in questo senso: gli amici sanno più di noi genitori» disse Vittoria, guardando Sara. Poi, tornando con lo sguardo al commissario, aggiunse: «In merito ai membri della nostra famiglia, ho una sorella, un cognato e due nipoti, mi sento di escludere categoricamente che qualcuno di loro possa aver avuto intenzione di far del male a mia figlia.»

«Il padre di Marta? Sara mi ha detto che non vive più con voi, avete avuto ancora contatti?»

«No. Non ho più voluto sapere nulla di lui né della sua famiglia, da quando se n'è andato lasciandomi con Marta di due anni. So solamente che è andato a vivere in Sud America.»

«Marta era figlia unica?»

«Sì.»

«Quindi voi due vivevate sole? Lei non ha alcun compagno, al momento?»

«Eravamo solo noi.»

«Per ora è tutto. Può disporre del corpo di Marta. Immagino che desideri tornare a casa. Quando tornate a Torino?»

«Io tornerò oggi stesso, se lei, commissario, non ha niente in contrario. Pensavo di chiedere a Sara e a sua madre di rimanere qui qualche giorno, nel caso ci fosse bisogno» rispose la signora Vittoria guardando la ragazza.

«Come vuole.» Sara la guardò. Non sembrò molto felice della richiesta.

«Noi vi terremo informate sull'andamento delle indagini» le congedò Verano.

All'apertura della porta dell'ufficio, riconobbe la madre di Sara che gli era già stata presentata la domenica, quando erano andati sul luogo del ritrovamento del corpo di Marta. Verano la salutò porgendole la mano. Era una bella donna, alta e dalle forme generose al punto giusto. Assomigliava molto alla figlia, e il piccolo neo che Sara aveva tra la bocca e il naso, lei ce l'aveva al centro della guancia destra. I toni del marrone dell'abbigliamento di buona qualità ben si addicevano all'incarnato leggermente abbronzato e ai capelli biondi tenuti a media lunghezza. Si alzò anche la padrona del bed and breakfast, che seguì Verano nell'ufficio.

«Si accomodi, mi vuole dare le sue generalità per favore?»

«Silvia Pelvini.» Era una donna massiccia che, a discapito dell'età anagrafica di cinquant'anni superati da tempo denunciata dal documento di identità, sprizzava vivacità. Gli occhi verdi, luminosi sotto una frangia bionda tagliata di netto a metà fronte, scandagliavano lo spazio intorno attenti come fari nella notte e sembravano catturare ogni cosa nel loro raggio d'azione.

«Da quanto gestisce il bed and breakfast?»

«Circa cinque anni.»

«Quante camere ha?»

«Tre. Più tre appartamenti dall'altro lato del cortile.»

«Quanti alloggi ha occupati, in questo momento? E la notte in cui sono arrivate le ragazze?»

«Avevo ospiti in due delle camere la notte prima, ma quella notte solo la stanza assegnata loro era occupata. La sera in cui è arrivata la madre della ragazza ha occupato la camera centrale e quando è arrivata la madre di Sara le ho dato la terza stanza, quella in cima alle scale, che è la più grande, e ora Sara dorme con lei, non se l'è comprensibilmente sentita di rimanere nella stanza dove è passata, anche solo per poco, Marta prima di morire. Gli appartamenti sono vuoti.»

«Manderò un agente a fare un sopralluogo alla camera.»

«Ci sono ancora le cose di Marta.»

«Mi racconti del suo incontro con Marta Giordano. A che ora vi siete incontrate?»

«Verso le tre e mezza, quattro meno un quarto. Sapevo del suo arrivo e l'ho aspettata. Ho preso i documenti e spiegato le regole della struttura, le ho dato le chiavi e l'ho lasciata nella stanza.»

«L'altra ragazza, invece? A che ora l'ha chiamata?»

«Alle otto e mezza circa. Ero a casa e l'ho raggiunta. Ci siamo incontrate che erano già le nove passate, io abito a Quarna Sotto e a scendere ci ho messo più del solito, avevo davanti un mezzo molto lento e sui tornanti è impossibile superare. Appena arrivata mi sono trovata Sara sul cancello. Mi ha detto di non aver incontrato Marta. Siamo entrate nella camera con la mia chiave e sono stata con lei per un'ora circa, poi sono tornata a casa. Ero preoccupata e ho detto a Sara di tenermi informata. La mattina dopo l'ho chiamata, ma la ragazza non si era fatta viva. Le ho subito consigliato di venire alla polizia.»

Mario rimase soprappensiero per qualche secondo, poi congedò la signora Pelvini, ringraziandola.

Silvia si alzò.

«Le sarei grato se non affittasse gli appartamenti e tenesse la sua struttura a disposizione di Sara e sua madre che rimangono qui qualche giorno.»

Gli occhi verdi della donna ebbero uno scarto, un lampo fulminò l'aria. «Certamente. Si è comunque a fine stagione e queste sono le ultime settimane di attività. Chiuderò fino a marzo, perciò possono stare quanto vogliono senza che altri ospiti le disturbino.»

Quando uscì dovette sedersi nel corridoio del commissariato, ora vuoto. Negli anni della sua attività ne aveva viste di situazioni, ma che una sua ospite fosse stata uccisa era oltre la sua immaginazione. Le vennero le lacrime agli occhi, per quella ragazza con la ciocca bionda che ora non c'era più.

Accanto alla prima fila di banchi della chiesa di Sant'Ambrogio, Carlo si chinò a raccogliere un libro dei canti caduto a terra. Il rumore di passi gli fece istintivamente alzare la testa e guardare in quella direzione: una donna minuta, con un soprabito bagnato e un ombrello gocciolante stava percorrendo lentamente il corridoio centrale. Si fermò a pochi passi da lui.

«Padre...» Il tono della voce della sconosciuta lo allarmò.

Carlo le si avvicinò ancora di più. «Posso fare qualcosa per lei?» le chiese con apprensione. Adesso che l'aveva di fronte, poteva vedere che quella donna aveva pianto, e forse stava ancora piangendo.

«Ho bisogno di parlare con qualcuno.»

Carlo le fece cenno di sedersi. «Sono a sua disposizione.»

«Io... vorrei solo potermi sfogare. Chiedere a lei, che è un uomo di Chiesa, se Dio mi aiuterà.»

«A questo posso risponderle subito: sono certo di sì. Ma forse anch'io posso fare qualcosa. Mi dica, in cosa vuole che Dio la aiuti?»

«Lei non ha figli, padre, non credo che possa capirmi fino in fondo, ma certamente conosce le miserie umane. Io... ho appena perso la mia unica figlia. Qualcuno me l'ha portata via.» La donna tacque per qualche secondo, poi guardò negli occhi Carlo e continuò con voce più ferma. «La ragazza morta nel lago. Era mia figlia, la mia Marta. Io... non so se ce la potrò fare, a sopportare tutto questo.»

Carlo le prese le mani e cercò di trovare le parole più adatte. No, non poteva capire, lui. Non aveva figli, lui. Ma sapeva cos'era il dolore. Il dolore è universale. «Ha ragione, io non posso sapere cosa si provi a perdere un figlio. Ma so cosa si prova a perdere qualcuno di caro: nudi, inermi, come se ti avessero strappato qualcosa di dosso e ti avessero abbandonato lungo il ciglio della strada, in mezzo al fango.» La donna lo guardò ancora più intensamente, si sentì in una strana sintonia, con quel prete sconosciuto dall'aspetto giovanile, vigoroso. Carlo dovette provare la stessa cosa, perché le parole gli uscirono quasi senza controllo, per dire qualcosa di cui non parlava da anni. «Io ho perso una sorellina, quando ero piccolo. È stato un tragico incidente: un momento era lì con me e rideva felice, un minuto dopo non c'era più. Era carnevale e lei si era mascherata con un costume azzurro da damina, un carro ha sbandato ed è finita sotto le ruote. È stato tremendo e io ho passato il resto dei miei anni di ragazzo a guardare il suo letto intatto e parlarle. E, vuol sapere una cosa? Lei mi rispondeva: avvertivo la sua voce provenire da sotto quelle coperte immobili.»

Per un attimo rimasero in silenzio, ognuno nel proprio dolore; poi Carlo riprese. «Deve pensare che sua figlia è ancora con lei, che le potrà dare la buonanotte, e il buongiorno. Che vuole che la sua mamma continui a vivere, e che sorrida. Posso sapere il suo nome?»

«Vittoria.»

«Deve essere forte, Vittoria. E io sono sicuro che lo sarà. E Dio sarà con lei, e con Marta.»

«E con la sua sorellina, padre. Come si chiamava?»

«Anna, ma la chiamavamo tutti Annina, era la piccola della famiglia.» Fu l'ultima cosa che si dissero.

La vista della donna che ripercorreva la navata della chiesa con l'ombrello al braccio e la testa bassa fece ricordare a Carlo un'altra visita di pochi giorni prima: un'altra persona sgomenta dalle vicende della vita che aveva cercato il conforto di Dio.

Il campanile suonò quattro rintocchi.

Francesco uscì dall'ufficio alle sei in punto. La pioggia era cessata e arrivò alla macchina senza bagnarsi. Si avviò verso casa, con l'unica prospettiva di una solitaria serata nel minuscolo appartamento nel paese poco sopra Omegna. Pensava a Viola, che non rispondeva più ai messaggi.

Guidò per i tornanti che da Omegna elevano la strada di parecchio, quasi a voler decollare sopra il lago e, giunto all'inizio del paese, percorse la strada sulla destra, intitolata allo scrittore omegnese di cui proprio in quei giorni si inaugurava il museo. Parcheggiò in prossimità di una via stretta e, imboccatala, sfilò come sempre fra le due ali della parata di felini che, rappresentati dalla fervida fantasia dell'artista di turno, apparivano nelle più svariate dimensioni e colori. Stilizzati, dipinti, ricamati, in legno, ferro, sasso, gatti ammiccanti, sorridenti, dormienti, soli o accoppiati, di profilo o di fronte, con la gobba e il pelo dritto o teneri e desiderosi di coccole, lo seguirono congelati nelle loro posizioni ed espressioni. Quando, poco prima della pandemia, aveva trovato quel buco di casa nel centro storico di Brolo, che si era battezzato a "Il paese dei gatti" facendosi vanto di quell'attrazione, aveva pensato che sarebbe stato divertente, ogni volta fosse rientrato a casa, farsi accogliere da una tale colonia di felini.

Quella sera, però, non era dell'umore più adatto per apprezzare il benvenuto di quella variegata esposizione e, oltrepassata la porta in cima alla ripida scala al primo piano dell'edificio in sasso sulla cui parete spiccava, neanche a dirlo, un micio tigrato dagli occhi verdissimi, gettò le chiavi dell'auto sul mobile all'entrata e andò direttamente al frigorifero, da dove prese una birra.

Seduto sul divano, la bottiglietta in mano, cominciò a navigare in rete, annegando i pensieri in cose che in fondo non gli interessavano, ma che almeno lo distraevano.

Il volto di una ragazza lo colpì come un pugno: una foto postata sui social, parole struggenti degli amici e decine di commenti che inveivano contro un destino brutale.

Francesco balzò in piedi rovesciando il liquido ambrato sul pavimento.

La madre di Marta era partita per Torino nel pomeriggio, il corpo della figlia l'avrebbe raggiunta appena possibile. A casa le toccavano i giorni del lutto, fatti di abbracci, sospiri e parole pronunciate sottovoce.

Sara e Manuela, nella camera del bed and breakfast in cima alla scala a cui la padrona della struttura aveva dato, come alle altre camere, il nome di un fiore, vivevano ore strane, pesanti. La donna era andata da loro, subito dopo il commissariato e si era messa a disposizione per qualsiasi necessità. Manuela avrebbe preferito tornare a Torino, ma alla richiesta della madre di Marta di rimanere a disposizione della polizia non aveva potuto dire di no.

«Andiamo a mangiare qualcosa, Sara. Ti prego» disse alla figlia guardando l'ora: le sette e mezza. Non che desiderasse andare al ristorante, ma quella situazione surreale la sfiniva. Cosa sarebbe stato di loro, nei giorni a venire?

«Come vuoi» rispose Sara sollevandosi dal letto dove era rimasta tutto il pomeriggio.

Mezz'ora dopo erano sedute a un tavolo vicino alla vetrata di un ristorante del lungolago di Omegna.

«Hanno messo un sacco di cuori, alla foto di Marta» disse Sara scorrendo le schermate del telefono connesso ai social ai quali Luca e gli altri avevano affidato il viso dell'amica incorniciato da un grosso cuore.

«Non capisco questo modo che avete voi di questa generazione di mettere tutto in piazza» esclamò sua madre. Provava fastidio per quella mania giovanile di esteriorizzare ogni cosa, ma date le circostanze, non era il caso di infierire su di lei. «Hai sentito qualcuno dei vostri amici?» chiese cambiando discorso.

«Sì, ho parlato con Andrea e Luca, oggi pomeriggio. Verranno a parlare con la polizia, insieme agli altri. Sono stati convocati tutti per domani.»

La madre la guardò: «A che ora? Li vedrai?».

«Li incontrerò fuori dal commissariato alle nove.» Rimase in silenzio qualche secondo, poi aggiunse: «Mamma, pensavo, vai a casa, mi fermo solo io qui nel caso ci fossero novità, aspetto che vengano Luca e gli altri, poi torno a Torino per il funerale.»

La madre ricambiò lo sguardo. «Non credo sia una buona idea, startene qui sola, dopo quello che è successo. Perché non vuoi che resti con te?»

«Non ce n'è bisogno. Al bed and breakfast starò bene.»

Dopo qualche insistenza della figlia, alla fine Manuela dovette cedere. «Va bene, però promettimi di stare attenta.»

«Ma sì, te lo prometto.»

Le pizze arrivarono di lì a poco a colmare il silenzio che era calato fra di loro. A Manuela squillò il telefono e si alzò per andare a rispondere. Sulla porta del ristorante, dove si era fermata a parlare, quasi si scontrò con Marina che entrava insieme a un'amica. Le due donne si sorrisero scusandosi a vicenda e soffermando l'una lo sguardo sull'altra.

Marina superò quella sconosciuta e andò a sedersi con l'amica a un paio di tavoli di distanza da quello da cui Sara fissava oltre la vetrata del ristorante.

Mercoledì 27 ottobre

C'è un'età in cui l'idea della morte non è ancora riuscita a infiltrarsi nella mente, rimanendo fra gli eventi lontani, inaccessibili, che appartengono ad altri. Quegli anni di purgatorio della giovinezza si vivono in una incoscienza leggera, rivolta più al proprio mondo interiore che ai grandi eventi della vita di cui si è solo sentito parlare ma che non ci appartengono ancora. E se, invece, la donna con la falce si avvicina abbastanza da far arrivare il suo gelido alito, si rimane impietriti in una spiazzante incredulità.

Dovevano sentirsi così i cinque ragazzi seduti in un mutismo palpabile in sala d'aspetto del commissariato di polizia di Omegna, le mascherine chirurgiche ai polsi, pronte per essere indossate, visi pallidi e mani appoggiate sui jeans strappati o affondate nelle tasche, tatuaggi che spuntavano dai maglioni, punte dell'iceberg di probabili altri nascosti sotto gli abiti. Erano sfilati davanti alla portineria del fabbricato in una lenta processione, lasciando Sara nel parcheggio. La ragazza li aveva incontrati nei pressi del commissariato e, dopo aver scambiato qualche parola, li aveva accompagnati all'entrata promettendo di aspettarli.

Tosi e Merola li guardavano dalle loro scrivanie, al di là del vetro che separava la sala d'aspetto dall'ufficio.

Nessuno dei due osò commentare e quando il commissario Verano chiese dalla linea interna di farli passare uno a uno, raccomandandosi di lasciare Luca Volpi per ultimo, Giulia fu felice di poterli almeno distogliere da quel mutismo. L'ispettore Merola entrò da Verano e si sedette accanto alla scrivania.

«Prego, potete entrare dal commissario uno alla volta» disse Giulia che si ricordava chi fra loro fosse Luca Volpi per aver guardato le carte di identità al loro arrivo. Curò quindi che il ragazzo non si alzasse per primo, avrebbe seguito l'alternarsi dei giovani con discrezione, non voleva allarmarlo dicendogli esplicitamente di lasciare entrare prima gli amici. Era il più pallido e gli aveva notato un tic nervoso che lo costringeva a sollevare di continuo le sopracciglia.

«Accomodati» disse il commissario Verano al primo ragazzo. «Tu sei?» chiese per il verbale che l'agente Ricci seduto a una scrivania sull'altro latro della stanza, era stato chiamato a redigere.

«Andrea Dalmasso» rispose il ragazzo. La voce gli si inceppò a metà del nome, che dovette ripetere con voce più alta.

«Stai tranquillo. Né tu né i tuoi amici avete nulla da temere. Ho voluto sentirvi perché eravate i più vicini a Marta. Ti chiedo solo di dirmi dei tuoi rapporti con lei.»

«Frequentiamo lo stesso liceo. Anzi, frequentavamo, visto che ci siamo appena diplomati. Qualche volta andiamo a ballare, o meglio, andavano prima del Covid, adesso ci troviamo per bere qualcosa o andare in giro.»

«Quando è stata l'ultima volta che hai visto Marta?»

«Sabato scorso, abbiamo preso un aperitivo in centro.»

«Come ti è sembrata?»

«Al solito. Abbiamo scherzato, era come sempre.»

«C'erano anche gli altri ragazzi che ci sono qui oggi?»

«Sì.»

«Hai notato qualcosa in Marta, o lei ha detto qualcosa che ti ha colpito? Qualsiasi cosa potrebbe essere importante. La vostra amica è stata uccisa e noi dobbiamo capire come possa essere accaduto.»

«Non saprei proprio.»

«Sai se Marta avesse dei problemi?»

Andrea parve pensarci, ma poi scosse la testa. «No, non credo. Se aveva qualcosa da confidare, può averlo fatto solo con Sara. Erano inseparabili, quelle due.»

«Ti ha mai detto di aver paura di qualcosa?» La domanda dovette giungere alle orecchie del ragazzo del tutto inaspettata perché guardò il commissario con incredulità.

«Se c'era una persona che non aveva paura di nulla, quella era Marta. Sempre pronta ad alzare la voce, se qualcuno le dava fastidio.» La voce diede un acuto sull'ultima vocale.

«Ai ragazzi piaceva molto?»

«Sì, era un tipo che piaceva. Come... come hanno potuto ucciderla?» La voce del ragazzo arrivò a Verano quasi come un sussurro.

«Non lo sappiamo, Andrea, stiamo considerando ogni eventualità.»

Il ragazzo deglutì.

«Va bene, grazie. Puoi andare.» Verano lo accomiatò e fece cenno all'agente Ricci di accompagnarlo alla porta. «Però, mi raccomando, Andrea. Dillo anche ai tuoi amici. Se vi viene in mente qualcosa, non esitate a ricontattarmi.»

Andrea si alzò dalla sedia e fece cenno di assenso con la testa. Pochi secondi e davanti al commissario Verano un altro ragazzo, allampanato e con una folta capigliatura rossa, era nella stessa posizione che aveva assunto Andrea poco prima.

«Tu sei…?»

«Giacomo Pellegrino.» Un altro nome aggiunto al verbale, un'altra dichiarazione non molto diversa dalla precedente, cui fecero seguito altri due – Gabriele Lombardi e Lucia Pagella – e nulla di rilevante si aggiunse agli elementi che potessero in qualche modo dare una spiegazione alla morte di Marta.

Quando Luca Volpi varcò la soglia dell'ufficio erano ormai le dieci e mezza: a Verano sembrava di stare girando un film e di aver provato per quattro volte la stessa scena, con l'apertura della porta che fungeva da ciak. Ma il commissariato non era il set cinematografico e i ragazzi che gli stavano sfilando davanti non erano attori, ma giovani reali che desideravano solo risvegliarsi da quell'incubo.

«Dunque, Luca. Conoscevi bene Marta?»

Il ragazzo stava seduto in punta alla sedia con le mani strette al sedile, vicino alle gambe fasciate dai jeans. Di corporatura robusta, capelli biondi e occhi scuri, viso regolare appena velato da una barba della stessa tonalità dei capelli, emanava sentimenti contrastanti: la bellezza e il fisico possente strideva con una insicurezza – forse addirittura paura – suggerita dall'atteggiamento. Una piccola ragnatela era tatuata sul lato destro del collo. Il tic nervoso che ritmava i movimenti del volto catturando l'attenzione del suo interlocutore. «Sì» rispose guardando appena Verano.

«Frequentavate la stessa scuola?»

«Sì.»

«Puoi dirmi qualcosa di lei?»

«Cosa vuole sapere?» La poca loquacità di Luca non rendeva le cose facili.

«Che tipo era. Se ti piaceva, cose così. I tuoi amici me l'hanno descritta come una ragazza espansiva, molto decisa, ma io vorrei sentire anche la tua opinione.»

«Quando non le girava di starsene muta! E, espansiva, lo era solo con chi voleva lei! Tanto bella quanto altezzosa, quando voleva.» La riflessione uscì amara dalla bocca del ragazzo. Lo scatto delle sopracciglia fu più marcato degli altri.

«Spiegati meglio.»

«Oh… era brillante, disponibile. Con tutti, meno che con me.»

«Avevate litigato?»

«Non proprio, però, quando la cercavo, lei si negava.»

«La corteggiavi?»

Verano si pentì subito di quel verbo d'altri tempi, ma non sapeva come formulare in altro modo quella domanda delicata.

«Siamo stati insieme, per poco, l'anno scorso, subito dopo il lockdown, poi lei, di punto in bianco non ne ha voluto più sapere. Niente spiegazioni, niente di niente.» Una lacrima gli apparve agli angoli degli occhi.

«Tu però non ti sei dato per vinto, vero?»

Luca scrollò le spalle.

«Anche tu l'hai vista per l'ultima volta sabato scorso, insieme agli altri?» Verano cambiò argomento.

«Sì… no, l'ho vista lunedì, in piazza Castello.»

«Vi eravate dati un appuntamento?»

«No… sì, una specie. Sabato notte, dopo che sono tornato a casa le ho mandato un messaggio, pregandola di venire in piazza il lunedì alle sei, volevo parlarle.»

«E che cosa volevi dirle?»

«Solo sapere che cosa non andasse fra di noi. Stavamo bene, e lei, bam! Mi ha buttato via come uno straccio.»

«E lunedì cosa è successo?»

«Ci siamo seduti in un bar. Lei era distaccata, fredda, mi ha detto che non era successo niente di particolare, che con me stava anche bene, ma ero troppo appiccicoso! Tutte storie! Comunque, dopo dieci minuti si è alzata e mi ha lasciato lì.» Tirò su con il naso.

«Sai se aveva qualcun altro?»

«Gliel'ho chiesto, ma ha negato. Si era pure fatta quella assurda ciocca bionda.»

«Dov'eri il pomeriggio di giovedì scorso?»

«A casa a vedere gli appunti delle prime lezioni in università.»

«Che facoltà hai scelto?»

«Giurisprudenza, come ha voluto mio padre.»

«Eri solo?»

«Sì. I miei erano al lavoro.»

«A che ora sono rientrati?»

«Molto tardi, sono rimasti fuori a cena.»

«Possiedi una macchina?»

«Sì, una Polo, è qui fuori. Siamo venuti tutti con la mia macchina.»

«Tu e i tuoi amici sapevate che Marta e Sara sarebbero venute in gita a Omegna? Sara mi ha detto di non averlo detto a nessuno, ma magari lo aveva fatto Marta.»

«No.» Luca scosse la testa.

«Va bene, Luca. Puoi andare.»

Il ragazzo si alzò dalla sedia e andò alla porta, le mani affondate nella tasca dei jeans e la testa bassa.

«Cosa ne pensa, commissario?» chiese l'ispettore Merola, che aveva ascoltato i colloqui senza intervenire.

«Cose da ragazzi, non credo proprio che fra di loro ci sia un assassino. Luca mi sembra il più emotivamente coinvolto, ma credo che la sua sia solamente delusione. I tabulati telefonici del cellulare di Marta, li avete?»

«Sono appena arrivati.»

«Portatemeli. E lo zainetto, lo stanno cercando?»

«Sì. Stanno setacciando la costa del lago e in acqua.»

«Per favore, dica a Giulia di chiamare Sara Ferrero e chiederle se può passare di qui.»

All'esterno del commissariato i ragazzi facevano capannello intorno a Sara. Commenti su quanto accaduto nell'ufficio del commissario furono scambiati con voci tremanti.

«Rientrate a Torino?» chiese Sara.

«Sì. E tu?» rispose Lucia, piccola e minuta, si stringeva nel piumino.

«No, la madre di Marta mi ha chiesto di restare qui ancora un po'. Tornerò per il funerale.»

«Vorremmo vedere il posto dove Marta è stata trovata» disse piano Luca, facendosi portavoce di tutti.

Il cellulare della ragazza si udì dalla tasca della giacca. Era un'agente di polizia: doveva essere quella donna che l'aveva accolta la prima volta che si era presentata alla polizia. «Sono qui fuori, posso venire subito se per voi va bene.» Chiusa la chiamata, continuò rivolta agli amici: «Devo entrare anch'io. Se volete andare a vedere il posto, aspettatemi.» Sara non aveva nessuna voglia di tornare in quel posto, ma non poteva non accontentare gli amici.

«Ti aspettiamo qui» disse Luca con voce rotta, mentre si appoggiava al cofano della macchina. Sara lo guardò e provò una stretta al cuore: le faceva davvero pena. Se solo avesse avuto un po' più di carattere! A lei, però, quella nota debole di Luca all'inizio era piaciuta, quando, in prima liceo, se l'era trovato in classe, seduto nella fila di banchi dietro quella dove stavano lei e Marta. Ma era stata l'amica a fare breccia nel cuore di lui, prima che lei, più timida e riservata della sua intraprendente compagna, provasse a farsi notare. Luca si era subito innamorato di Marta, ma l'amica lo aveva tenuto sulle spine fino alla quarta, quando finalmente aveva ceduto a quella corte pressante. Se l'era filato per qualche mese e poi l'aveva gettato via come un giocattolo vecchio. Sospirò fra sé ricacciando indietro i ricordi e andò a suonare al citofono del commissariato. Pochi minuti più tardi era seduta sulla stessa sedia su cui i suoi amici avevano sfilato poco prima.

«Come stai, Sara?» Verano si rese conto di essersi istintivamente rivolto agli amici di Marta dando loro del tu. Così come ora a Sara, diversamente dai giorni precedenti, ma ormai quella storia gli si stava incollando addosso. E poi, l'età di quei ragazzi dall'aria impaurita che potevano essere suoi figli, giustificavano tale confidenza. Si sorprese a pensare a loro paragonandoli a cerbiatti spaventati. Constatò fra sé che Sara si stava dimostrando forte: non aveva mai ceduto in modo evidente alle emozioni, mantenendosi dignitosamente collaborativa.

«Non posso dire di stare bene. La madre di Marta

è tornata a Torino ieri pomeriggio, mia madre parte oggi.»

«Resti qui sola?»

«Sì.»

La guardò. «Stai attenta. Non fare strade da sola, soprattutto di sera, e qualsiasi cosa avessi bisogno, chiamami» le disse porgendole il suo biglietto da visita.

Sara lo prese. «Anche mia madre mi ha detto di stare attenta, ma le madri lo dicono sempre. Se lo dice lei, è un'altra cosa.»

«Segui solo i miei consigli.»

«Va bene.» La ragazza infilò nella tasca anteriore dello zaino il cartoncino.

«Ti ho fatta chiamare per parlare ancora un po' di Marta. Ho sentito i vostri amici. Sono tutti molto colpiti, ovviamente, ma il più sconvolto è Luca. Puoi dirmi qualcosa di lui?»

«Immagino, si è preso una cotta galattica per Marta. Ma, come le ho già detto, lei non lo voleva. Diceva che era troppo appiccicoso. A scuola è un genio, ed è anche un bel ragazzo, ma ultimamente aveva tutte quelle manie!»

«Cosa intendi dire?»

«Avrà notato quello strano tic agli occhi? È un tipo ansioso, deve avere tutto sotto controllo, ragazza compresa. Prima non era così, è peggiorato in quest'ultimo anno, Marta diceva che si sentiva soffocare, e non lo ha più voluto.»

«Lo sai, che lunedì si erano visti, a Torino?»

«Sì, Marta me lo aveva detto, ma ha liquidato la cosa in fretta.»

«E tu, quando avevi incontrato Marta per l'ultima volta?»

«L'ho vista sabato sera, insieme agli altri. Nei giorni successivi ci siamo solo sentite per telefono o messaggio.»

«Luca ha detto che aveva un carattere allegro ma che a volte si chiudeva a riccio, vuoi dirmi qualcosa di più?»

«Sapeva essere tanto simpatica e allegra, quanto imbronciata. A volte, si era nel bel mezzo di una festa e ci stavamo divertendo, e improvvisamente lei diceva di volersene andare. E poi, quando si metteva in testa che c'era qualcosa o qualcuno da difendere, non la fermava più nessuno.»

«La definiresti capricciosa?» suggerì Verano.

«Sì. Direi che il termine le si addiceva. Aveva un grande senso dell'amicizia, però, questo le va riconosciuto. Ma a volte esagerava. E se pensava che uno dei suoi amici avesse ricevuto un torto, faceva di tutto per prenderne le difese.»

«Non c'era nessuno che voleva male a Marta?»

«No, Marta piaceva a tutti» rispose Sara.

Doveva essere una ragazza particolare, Marta, piena di carisma, pensò Verano. «Avvisami quando riparti per Torino» disse alzandosi.

«Va bene.»

Anche Sara si alzò e si avviò all'uscita. Lo stop dell'ultima scena di quel mattino di consultazioni sembrò riecheggiare nella stanza quando la porta dell'ufficio si chiuse con un rumore sordo.

La mattinata si concluse con il pellegrinaggio al luogo del ritrovamento del corpo di Marta. Rimasero sul ciglio della strada guardando la porzione di terreno erboso che aveva fatto da ultima dimora alla loro amica. Qualche abbraccio – in quel momento il pensiero del contagio da Covid-19 era scacciato dal desiderio di trovare conforto – e la Polo di Luca partì per Torino.

Sara tornò al bed and breakfast e andò nella sala comune a prendere dell'acqua. Sul tavolo, sopra la tovaglia disegnata con sagome di draghi – quell'animale era presente sotto forma di pupazzetti di svariate dimensioni e materiali, la padrona di casa doveva averne la passione, persino sul portachiavi delle camere era appeso un drago, insieme alla targhetta del nome di ogni stanza – ginkgo biloba, mimosa e camelia –, trovò un dolce che la proprietaria della struttura le aveva preparato. Due fette di torta al cioccolato e un biglietto con il disegno di un piccolo cuore le fecero l'occhiolino.

Si sedette al tavolo e cominciò a mangiare, e per un attimo le sembrò di tornare bambina, con la nonna che per merenda le preparava la torta. Gli ultimo morsi si mescolarono alle lacrime.

Giovedì 28 ottobre

Il giovedì, a Omegna è giorno di mercato e l'intera cittadina ne è coinvolta, esibendo una maggiore vivacità. Il lungolago verso Bagnella è occupato dalle bancarelle che, dalla ripresa dopo il blocco dovuto alla pandemia, sono posizionate in modo da mantenere una certa distanza l'una dall'altra. In estate la fiera settimanale è visitata anche dai vicini svizzeri e dai molti turisti in visita alla zona. In ottobre, come negli altri mesi meno frequentati turisticamente, la tradizione è limitata alla dimensione più intima della popolazione locale.

Quel giovedì, fra i banchi del mercato e nelle vie cittadine, si respirava un'aria mesta e dimessa, ma anche festosa. La prima, per quella nuvola nera che aleggiava sopra il lago, sollevata dal ritrovamento del corpo di Marta e alimentata dalle voci insistenti scambiate in strada o nelle case con riflessi di paura negli occhi. La seconda, per l'orgoglio che gli omegnesi provavano nel vedere realizzato il prezioso tributo a una eccellenza locale che era lo scrittore al quale era stato dedicato il museo appena inaugurato. Le scolaresche arrivavano a frotte, in visita ai locali appena ristrutturati ospitanti il percorso multimediale dei richiami alle storie che la fervida fantasia di Gianni Rodari aveva saputo inventare. Chi c'era già stato, ne era uscito entusiasta e raccontava di telefoni d'altri tempi che narravano favole, di testi che uscivano dagli scaffali per ricomporsi in filastrocche davanti agli occhi stupiti dei visitatori e della matita bicolore rossa e blu che era diventata il logo del museo.

Ed era proprio la scolaresca di quinta elementare delle scuole De Amicis di Omegna in cui si imbatté Virginia all'angolo del municipio. La donna, già nervosa per aver dovuto cercare parcheggio negli angoli più reconditi della cittadina – parcheggio che aveva trovato lontanissimo in un angolo abusivo, al punto che se fosse uscita di casa a piedi ci avrebbe impiegato meno tempo e spese meno energie –, procedeva spedita e immersa nei suoi pensieri quando un bambino chiassoso sbatté contro di lei.

«Ehi! Attenzione!» gridò.

«Scusi» esclamò il bambino da dietro la mascherina chirurgica di colore rosso, spingendo il compagno di fila.

«Va bene, va bene» rispose Virginia, apparentemente raddolcita dalle scuse. Ma poi, proseguendo per la sua strada, si lasciò ancora prendere dalla rabbia. «Camminano tutti con la testa nel sacco!» Entrò in tabaccheria e acquistò alcuni quotidiani. Ritornò quindi verso l'auto.

Superò il portone della chiesa di sant'Ambrogio senza alzare lo sguardo, assorta nel proprio mondo. Era una donna energica, rimasta vedova a soli trent'anni – il marito Pietro, stimato chirurgo di cinque anni più di lei, era morto dopo una breve malattia. Sebbene le sue condizioni economiche non ne richiedessero la necessità, lei aveva voluto andare a lavorare nel settore amministrativo di una delle fabbriche locali, fino a diventare responsabile dell'ufficio estero. Aveva allevato Enea e

Giacomo instillando loro i migliori principi. Con Enea, che era diventato medico come suo padre, del quale aveva dato il nome al primogenito, credeva di esserci riuscita, non pensava altrettanto di Giacomo che, dopo una laurea mancata in ingegneria, di lavori ne aveva cambiati diversi fino a diventare un perito assicurativo, che lei riteneva fosse un pessimo impiego. In quanto alle nuore, Marina ed Elena, le aveva sempre tenute a una certa distanza, ma con Marina si sentiva più in sintonia. I suoi amati nipoti, Pietro, Francesco, Margherita e Andrea erano ciò che la facevano sentire viva. Li chiamava spesso, ma anche loro a volte capitavano senza alcun preavviso nel suo appartamento a trovarla. Un po' meno Andrea, che, con i suoi ventotto anni e universitario fuori corso, sembrava seguire le orme di fallito del padre. Ultimamente lo aveva trovato più irrequieto del solito, spesso alterato dall'alcool. Si era ripromessa di tenerlo d'occhio e intervenire, se avesse avuto sentore che il ragazzo stesse prendendo una brutta strada. Sperava però che si trattasse di una fase transitoria, coda dell'insicurezza imposta dalla pandemia, di cui i giovani stavano risentendo più di chiunque altro. A Margherita, la sua nipote più piccola, si sentiva particolarmente legata, e cercava di non far passare più di un paio di giorni senza sentirla, soprattutto da quando problemi alimentari l'avevano resa molto vulnerabile. Virginia a volte si sorprendeva a paragonare le ultime generazioni con la sua, trovando i giovani così deboli, mentre lei ricordava sé stessa a quell'età invincibile e pronta a tutto. Arrivò alla macchina e rovistò nella borsa in cerca della chiave, facendo cadere i quotidiani.

«Virginia, che mi combina?»

La donna si voltò e si trovò faccia a faccia con Fabio che le porgeva i giornali. Il viso dell'uomo era molto vicino al suo e lei sobbalzò.

«Mm, che devo dirti, Fabio, gli anni passano» rispose prendendo fra le mani ciò che le porgeva. Non poté fare a meno di notare che quell'uomo, che lei aveva conosciuto da ragazzo, malgrado l'età non più giovane, fosse ancora attraente. Forse era per i capelli portati più lunghi del consentito, raccolti in un codino, o per lo sguardo reso ancora più penetrante dalla cicatrice sull'arcata sopraccigliare.

«Come sta? Non l'ho vista, al compleanno di Enea.»

«Ho sentito che gli hai regalato una maschera.» L'ironia non sfuggì a Fabio. «Non lavori?» Virginia continuava a rimanere in piedi di fronte a Fabio, i giornali sotto il braccio e la chiave dell'auto nella mano.

«Sto andando ora in tribunale.»

«Mm, begli orari, voi! Io, quando lavoravo, alle otto ero già in ufficio e non staccavo prima delle sette di sera.»

«Mi ricordo bene che arrivava a casa e trovava me ed Enea in camera a studiare. So che lei è stata una donna in gamba, sul lavoro.»

«Non adularmi, Fabio, con me non funziona.»

«Che dice? Non era mia intenzione.»

«Se ti invitassi insieme a Enea, Marina e qualcun altro di famiglia a cena, diciamo, domenica sera? Un recupero di compleanno per Enea da parte mia.» Virginia aveva pensato solo vagamente alla possibilità di una cena di famiglia, e in quel momento aveva deciso d'impulso: improvvisamente le era sembrata una buona idea.

«Accetterei molto volentieri. Mi faccia sapere, ora devo scappare. Mi ha fatto piacere vederla.» Fabio mise fine alla conversazione e si allontanò, lasciando la donna in piedi accanto all'auto. Salì sulla sua macchina parcheggiata poco lontano e intraprese la manovra per uscire dal posteggio seguendo Virginia con lo sguardo attraverso lo specchietto. Non se l'era mica presa per la maschera? Quante storie, per un innocuo oggetto che lui aveva comperato al posto della solita, banale, bottiglia di vino. Le fece un cenno con la mano e guardò la strada, evitando di seguire ulteriormente i movimenti della donna.

Virginia si sedette al posto di guida gettando i giornali sul sedile di fianco. Non badò nemmeno al foglietto della contravvenzione bloccato fra il tergicristallo e il vetro.

Maschere, maschere.

Le maschere, la nostra difesa: un castello eretto fra noi e gli altri.

Ogni volto ne indossa una, o più d'una. Quante maschere si indossano, durante una vita? E durante una giornata, in tutti i ruoli che ogni persona riveste? Per ognuno di questi ne esiste una più adatta. La maschera di figlio – la prima –, poi quella di fratello o sorella, marito o moglie, amico o amica, e in ognuno di questi ruoli la maschera dell'ascoltatore, del dispensatore di consigli, dell'accusatore, dell'amareggiato, del ferito, dell'innamorato.

Quanto è difficile indossare sempre quella adatta? Non sarebbe forse più semplice non indossarne affatto, e lasciare il nostro viso nudo a esprimere ciò che proviamo?

Quel giorno, come ogni giorno, anche Enea, Marina, Pietro, Francesco, Margherita, Carlo, Virginia, Giacomo, Elena, Andrea, tutti indossavano quella che trovavano più adatta al momento. Enea pensieroso in auto; Marina indaffarata a casa con Melissa; Pietro in ufficio che pensava alla sorpresa per Viola; Francesco diviso fra la sbandata per la compagna del fratello e ciò che aveva visto in internet; Margherita, rimasta più tempo del previsto a Milano, in treno verso Omegna, ancora contrariata per l'incontro con il professore; Carlo nella sua chiesa, ad ascoltare alcune donne che gli davano consigli sulla disposizione dei fiori sull'altare. Accigliata la maschera di Virginia; di puro dolore quella della madre di Marta; di gesso quella di Sara; triste quella di Luca che a Torino non riusciva a concentrarsi sullo studio e pensava di andare a farsi un altro tatuaggio, tanto per distrarsi; preoccupata quella di Verano, che non vedeva sbocchi nella vicenda della morte di Marta Giordano; gioiosa quella della moglie Ada mentre pensava al battesimo degli amati nipotini.

Ognuno a recitare la propria vita. Ad aiutare i propri giorni a procedere, inseguendo sogni, facendo progetti, affrontare ciò che la vita ha in serbo.

E quando un elemento, un tassello fra migliaia si incaglia nei giorni a far sì che le cose procedano in una direzione fra le migliaia possibili, non si può far altro che imboccarla e accettarne le conseguenze.

Quell'elemento, nella panoramica delle vicende che Omegna viveva in quei giorni, si materializzò in uno zainetto turchese con un gadget che riproduceva un sommozzatore munito di maschera, pinne e bombole per l'ossigeno, che, disincagliatosi dal canneto del lungolago era approdato nell'ansa di lago poco distante dal luogo dove era stato rinvenuto il corpo di colei che lo possedeva.

Venerdì 29 ottobre

Il contenuto di uno zainetto di una ragazza di diciannove anni non può che rappresentare i sogni che si coltivano a quell'età. Pagine di libri che rivelano la passione per lo studio e il pensiero rivolto a un futuro pieno di sogni, parole scritte su fogli che celano segreti, piccole cose che dicono tanto. Come la matita smangiucchiata che racconta le ore che Marta aveva trascorso sui libri a studiare la sua amata letteratura, l'astuccio per penne e matite, pasticciato durante le ore di lezione, il portafoglio rosso, con il suo viso scolorito sui documenti annacquati.

Ma quei sogni, per Marta sarebbero rimasti tali, infranti come la bolla di sapone che esplode alla pressione dell'aria.

Verano spaziò lo sguardo sugli oggetti sparsi sopra la cerata stesa su di un tavolo, presso il commissariato. L'acqua aveva impregnato ogni cosa e dei libri non rimaneva che uno spesso strato di fogli incollati. Un sacchetto rosso inzuppato attirò la sua attenzione: apertolo, scoprì due maschere da carnevale, speculari: bianche e nere, con disegnati dei cuoricini su uno dei due lati. Appeso alla cerniera esterna, il gadget come quello di Sara, e sul davanti, la tasca che non si chiudeva più a causa della cerniera rotta, che aveva rilasciato il suo contenuto, se ce n'era uno. Verano esaminò con cura ogni cosa, poi andò nel suo ufficio, dove pochi minuti dopo Giulia bussò per dirgli che Sara Ferrero stava salendo e aveva chiesto di parlare con lui.

«Certo, falla passare.»

«Sono venuta a dirle che riparto per Torino. Domani ci sarà il funerale di Marta.» Sara adesso era seduta di fronte a lui, appariva tranquilla.

«Hai fatto bene a venire. Abbiamo ritrovato il suo zainetto.»

«Oh… dove?»

«A un centinaio di metri da dove è stata rinvenuta Marta. Te la senti di vederlo? Magari noti qualcosa di strano.»

Insieme andarono nel locale dove lo zainetto era ancora in bella vista sulla cerata, con il suo contenuto sparso. Sara guardò quei miseri resti, immobile.

«Guarda con calma.» Verano pensò che anche in quel frangente Sara si stava dimostrando coraggiosa, solo gli occhi lucidi tradivano le emozioni che doveva provare.

La ragazza guardò con attenzione ciò che era appartenuto all'amica. «Mi sembra che non manchi niente» si soffermò sulle due maschere. «Queste non le ho mai viste.»

«Potrebbe averle comperate quel pomeriggio. Faremo delle ricerche in tal senso.» Mario aveva già paragonato quelle maschere alla damina che Fabio aveva regalato a Enea. Anche i sacchetti delle confezioni erano uguali. Pensava di chiedere informazioni all'uomo. Lasciò passare qualche secondo. «Grazie, Sara. Fai buon rientro a casa.»

La ragazza lasciò il commissariato e si avviò alla stazione, la mente alle maschere rinvenute nello zainetto di Marta.

Domenica 31 ottobre

La festività di Halloween, evocatrice di paura, con le zucche sventrate e illuminate dall'interno, i ghigni cattivi alle finestre, le maschere e i cappelli a punta da fattucchiere improvvisate per le strade, aveva steso su Omegna il suo spaventoso mantello.

Marina ed Enea superarono un gruppo di streghe che stazionava sulla porta del ristorante e raggiunsero il tavolo dove Virginia era già seduta, un bicchiere di liquido colorato davanti, le mani giunte sotto il mento e la crocchia dei capelli tirata sulla sommità della testa bianca.

Marina diede un bacio leggere sulla guancia della suocera e si sedette, imitata da Enea.

«Mamma, cosa bevi?»

«Poco più che acqua» rispose la donna con un gesto evasivo.

«Avrà di sicuro un numero di gradi molto più alto di quelli che il tuo medico ti consentirebbe» osservò Enea.

«Non vi ho invitati a cena per farmi sottoporre al terzo grado.»

«Grazie dell'invito, Virginia» disse Marina.

«Ho mancato la cena di compleanno di Enea, volevo recuperare.»

«Vedo che ci sono altri invitati» osservò Enea guardando tre sedie vuote. Il tavolo era infatti imbandito per sei persone.

«Hai un fratello e una cognata, e ho pensato di far venire Fabio, tanto per rallegrare un po' la serata. Ho lasciato fuori i giovani, che avranno cose più divertenti da fare che andare a cena con genitori e una vecchia nonna con un piede nella fossa.»

«Vedo che l'umore è in sintonia con la serata» disse Enea ironico.

«Marina, l'ho chiesto anche a Carlo, ma non poteva esimersi dagli impegni in parrocchia» disse Virginia, ignorando la battuta del figlio. La nuora la ringraziò con un sorriso.

«Buonasera a tutti.» Giacomo ed Elena, eleganti e compiti, erano comparsi alle spalle di Virginia, che sedeva a capotavola. Saluti e qualche bacio e tutti presero posto. Enea si mise all'altro capo del tavolo e prese il menù, su cui spiccava un pomodoro rosso e panciuto, logo del locale. «Chi manca?» chiese Giacomo, notando la sedia ancora vuota di fronte a lui. «Quale nipote hai scelto, mamma, dei quattro? Andrea no di certo, perché lo saprei.»

«Dio mio, Giacomo. Ho due figli, uno permaloso e l'altro acido come una zitella.»

«Chissà da chi abbiamo preso» ribatté Giacomo, prendendo anch'egli il menù.

«Buonasera.» Il saluto arrivò sovrastando le voci. A quello se ne aggiunse un altro proveniente da una voce femminile.

Tutti alzarono la testa e si trovarono Mario Verano e la moglie in piedi accanto al tavolo di fianco al loro. «Mario!» esclamò Enea. «Anche voi qui?».

«Siamo appena tornati da Milano e abbiamo deciso di fermarci a mangiare qualcosa» rispose Mario.

«Mamma, tu non conosci il commissario e sua moglie» esclamò Enea in direzione della madre che fissava Verano.

«Non ho il piacere.»

Mario e Ada si avvicinarono a Virginia e furono fatte le presentazioni.

«Perché non vi unite a noi? Ho sentito che eravate al compleanno di Enea, questa è una specie di replica; perciò, la vostra presenza a questo punto è d'obbligo.»

«Ci mancherebbe, signora. La vostra è una cena di famiglia.» Mario tentò di replicare, ma Virginia fu irremovibile.

«Non accetto obiezioni. Siete miei ospiti.» Virginia fece cenno a un cameriere perché avvicinasse un tavolo per fare un'unica tavolata.

«Eccomi.» Fabio arrivò elargendo larghi sorrisi a tutti. I capelli visibilmente appena lavati e asciugati in gran fretta, scappavano ribelli dall'elastico che formava una piccola coda di cavallo. Diede un bacio sulla mano di Virginia e si sedette accanto a Verano, chiedendo scherzosamente a cosa fosse dovuta la sua presenza e se qualcuno era in arresto. Ma si zittì nel vedere lo sguardo di fuoco di Virginia.

Dopo consultazioni su cosa prendere e fatte le ordinazioni, la conversazione si fece subito animata e ognuno parlava per lo più con chi aveva accanto. Verano fu felice di vedere Fabio, voleva chiedergli della maschera che aveva regalato a Enea, forse gli sarebbe stato d'aiuto per capire la provenienza di quelle rinvenute nello zainetto di Marta. Avrebbe aspettato il momento più opportuno per interpellare l'uomo. Intanto, abituato per mestiere a esaminare le persone e anche per prerogativa personale, guardava i componenti di quella famiglia riunita. Virginia, che apparteneva a quella categoria di persone che quando entrano in una stanza catalizzano l'attenzione, ne era la protagonista indiscussa. Pur parlando poco, l'anziana donna faceva girare lo sguardo sui figli, sulle nuore e su quell'amico che doveva essere molto affezionato a Enea e che era già al secondo boccale di birra. Giacomo e la moglie sembravano a disagio e lui interpretò che non fossero in buonissimi rapporti con fratello e cognata. Marina, con la sua consueta compostezza, parlava un po' con la suocera e un po' con Ada.

«Commissario, non rimpiange Milano?» chiese Virginia distogliendolo dai suoi pensieri.

«Direi di no. Ho chiesto io il trasferimento qui. Mi sono innamorato del Lago d'Orta durante un'indagine che mi ha portato qui cinque anni fa. L'allora commissario era ammalato e mi hanno chiamato per un omicidio a Orta. Ricordo ancora la sensazione che ho avuto arrivando al parcheggio e ho pensato come sarebbe stato bello vivere in un luogo di tale bellezza. Così, quando l'anno successivo si è presentata l'occasione di occupare il posto di commissario a Omegna, non me la sono lasciata sfuggire.»

«E lei, è d'accordo?» chiese ancora Virginia a Ada.

«Sì, certo. Unico inconveniente, il nostro ragazzo, da quando siamo venuti a vivere qui ha avuto ben tre figli e non vivere a Milano in questo momento mi pesa perché non posso aiutarlo come vorrei» rispose Ada.

«I figli! Li mettiamo al mondo e abbiamo i loro problemi incollati addosso finché abbiamo fiato!» esclamò l'anziana donna scostandosi per lasciare che il cameriere le posizionasse il piatto con pesce di lago e verdura mista.

«Però senza di loro, la nostra vita non avrebbe scopo, no?» aggiunse Ada.

«Io sono nata qui e vi ho sempre vissuto, ma invidio la vita di città per l'anonimato che si riesce ad avere» esclamò Virginia senza badare alla domanda di Ada. «In posti come questo, dove tutti si conoscono, non puoi fare un passo che lo viene a sapere pressoché tutto il paese».

Ada sorrise. «Immagino. Comunque, noi non corriamo questo rischio, non ci conosce nessuno.»

«Non ne sarei così sicura» esclamò Virginia portandosi alla bocca la forchetta. «Con il lavoro di suo marito» e indicò Verano che, sentendosi tirato in causa, la guardò.

«Non creda, non siamo così popolari, noi commissari. E nemmeno interessanti.»

«Trovo invece che il suo lavoro sia molto eccitante.»

«È solo difficile, ma io non potrei fare altro.»

Virginia aprì la bocca per domandare qualcosa a Mario, ma fu interrotta da Giacomo, il quale, girandosi verso Verano, gli chiese se avesse già avuto occasione di navigare sul lago per vederlo da una prospettiva diversa.

«Non per svago, ho fatto qualche volta il tragitto con il motoscafo di servizio. E, sebbene la mia presenza sull'acqua non avesse uno scopo ludico, non ho potuto fare a meno di rimanerne affascinato» rispose Verano.

«Io e mia moglie abbiamo un piccolo motoscafo al porto di Bagnella e in estate andiamo spesso a fare gite sul lago. Anche Enea e Fabio ne hanno uno», Giacomo guardò il fratello e l'amico.

«Prima della pandemia la usavamo spesso, adesso la lasciamo più che altro ai ragazzi. A loro piace. L'anno scorso Francesco e Pietro hanno voluto provare a fare immersioni. C'è una parete sommersa, a Crabbia, sull'altra sponda del lago, verso Orta, che alletta molti sommozzatori» disse Enea.

Verano non disse nulla, ma ricordò il caso di un sommozzatore morto un paio di anni prima in prossimità della parete che Enea aveva appena citato.

«Credo che piaccia anche ad Andrea, l'ho visto qualche volta sul vostro motoscafo, attraccato al porto, in compagnia» osservò Fabio. Elena e Giacomo lo guardarono senza commentare, ma lo sguardo contrariato della donna fece capire che non doveva essere al corrente delle scorribande del figlio sulla loro barca.

Al dolce, Enea si alzò per un brindisi comune ringraziando la madre per la cena. La donna partecipò con un sorriso tirato e poco dopo espresse il desiderio di lasciare il ristorante. «Perdonatemi ma sono molto stanca. Credo proprio che me ne andrò a casa. Ma voi rimanete pure. Buonanotte» e si alzò. Enea la seguì mentre la donna si fermava alla cassa a pagare e quindi la accompagnò alla porta, dove le diede un lieve bacio sulla guancia. La pelle dell'anziana donna scottava. «Stai bene?» le chiese.

«Benissimo, fa solo un caldo d'inferno, qui.»

Tornato al tavolo, Enea intercettò la conversazione che durò ancora per una mezz'ora, durante la quale furono toccati diversi argomenti, non ultimo quello sull'ambiguità della gente che Fabio sciorinò in perfetta sintonia con la sua professione – portò diversi esempi descrivendo clienti che si erano presi gioco di lui pur di evitare il carcere –, tanto che alla fine Enea lo redarguì dicendogli che era a cena con amici, non in un'aula di tribunale a esporre un'arringa.

La compagnia alla fine uscì dal ristorante e arrivò al parcheggio *sotto le piante*, come gli omegnesi sono soliti definire la piazza ombrata da filari di platani destinata a tale scopo sul lungolago, dove ai due estremi monumenti dedicati ai caduti in guerra ricordano un triste e glorioso passato. Quindi si sciolse frettolosamente, scoraggiata dall'aria fredda che spirava dal lago.

«Aspettami in macchina, arrivo subito» disse Verano alla moglie, aprendo con il telecomando le portiere dell'auto e avvicinandosi a Fabio che si stava avviando a piedi verso il centro. Lo chiamò e l'altro si girò. Si bloccò in attesa che Mario lo raggiungesse. «Devo chiederle un'informazione. Le rubo solo un attimo.»

«Per la polizia, questo e altro» esclamò Fabio.

«Dove ha comperato la maschera che ha regalato a Enea per il suo compleanno?»

«La maschera da damina? Non credo sia stata una grande idea, l'altro giorno Virginia me lo ha fatto notare e il suo tono di voce è stato piuttosto critico» ironizzò Fabio. «Su un banchetto vicino al municipio, prima di venire da Enea. Volevo comperare del vino, ma quando ho visto le maschere ho pensato fosse originale, ma evidentemente mi sbagliavo.»

«Ce n'erano di tante qualità?»

«Sì, di ogni tipo.»

«Ricorda se c'era anche un modello in bianco e nero, con dei cuoricini disegnati da un lato?»

«Non ricordo in particolare, ma è possibilissimo.»

«Grazie, le auguro la buonanotte.»

Fabio si girò e riprese a camminare pensando a quella strana domanda. Alzò il bavero del giaccone rabbrividendo per il freddo.

Lunedì 1° novembre

Francesco aveva trascorso tutto il fine settimana spalmato sul divano del minuscolo soggiorno del suo appartamento, pensando a Viola in Liguria con Pietro. A fargli visita, un micio rosso tigrato che sembrava uscito da una delle pareti delle case di quel paese che eleggeva il felino domestico come suo idolo, aveva cadenzato le ore con un miagolio affamato. A peggiorare il suo stato d'animo, quella notte aveva pure sognato la ragazza trovata morta nel lago, che, come la compagna del fratello, non riusciva a togliersi dalla mente. La pastiglia di antiacido fra i denti consultò il messaggio annunciato dalla suoneria che improvvisamente, alle sei di sera, aveva squarciato il silenzio della stanza. E la giornata cambiò. Viola gli diceva che stava tornando dalla gita e voleva parlargli appena possibile. Il giorno dopo? Dopo il lavoro?

Martedì 2 novembre

«Niente, non abbiamo trovato niente! Possibile che nessuno abbia visto Marta, quel pomeriggio? Che possiamo fare, ispettore?» chiese Giulia nel vedere Merola che, appena entrato dalla porta, aveva appeso la giacca all'attaccapanni e si era fermato accanto alla sua scrivania. La ragazza non si dava pace per non aver scoperto nulla durante il pellegrinaggio fra gli esercizi commerciali di Omegna, svolto come aveva chiesto loro dal commissario per capire se qualcuno ricordasse Marta il pomeriggio della sua scomparsa. Verano non era ancora arrivato e lei si sentiva sconfortata nel non avere niente da riferire al suo superiore, voleva almeno ovviare alla disdetta delle telecamere di videosorveglianza che proprio quel pomeriggio non funzionavano, fatto che aveva contrariato molto il commissario: era stata una delle poche volte che lei lo aveva visto arrabbiato.

«Era in giro sola, avrà camminato. E se è andata in qualche bar se ne sarà stata in disparte. Chi vuoi che l'abbia notata?» rispose il collega guardandola con attenzione. «Sara ci ha detto che Marta stava preparandole un regalo, ci ha fatto ascoltare anche il messaggio in cui prometteva grandi cose. Magari è entrata in qualche negozio. Di sicuro ha comperato quelle maschere trovate nello zainetto. Ieri mi ha chiamato il commissario per dirmi che ha scoperto che quel pomeriggio in centro, fra i banchetti da mercato montati nella piazza del municipio, ce n'era uno dove vendevano maschere di quel tipo. Mi ha chiesto di fare delle ricerche in merito, trovarne i titolari.»

Giulia guardò il collega. «E se fosse andata al Museo Rodari? È lì a un passo dal municipio e Sara ci ha detto che desideravano visitarlo. Magari ha cercato di prenotare un'entrata. Che dice, ci andiamo subito? Chissà che prima che arrivi il commissario non riusciamo a scoprire qualcosa» propose la ragazza, infervorandosi speranzosa.

Il museo, in pieno centro storico, a quell'ora era chiuso al pubblico, ma per quella prima settimana di attività si trovava sempre qualcuno dello staff, attento a far fronte di ora in ora alle richieste di chi volesse visitarlo. Quando Giulia e Antonio si fecero aprire bussando alla porta di vetro, il ragazzo che venne loro incontro guardò allarmato quei due agenti di polizia che gli chiedevano di entrare per fargli qualche domanda. Giulia gli mostrò la foto di Marta. «Ricorda di aver visto questa ragazza il pomeriggio di giovedì scorso?» chiese.

«Eravamo chiusi, indaffarati a preparare le ultime cose per l'inaugurazione di sabato.»

«Sì, lo sappiamo. Ma possiamo presumere che questa ragazza sia passata di qui» azzardò Giulia. Quella era una pura ipotesi, ma valeva la pena di provare. «Chi c'era qui, quel pomeriggio?»

«Io e Nella, oltre a un paio di tecnici alle prese con il percorso multimediale.»

«Non si è presentato nessun curioso?»

«Qualcuno guardava dalla strada attraverso le vetrate

e qualcun altro si è spinto fino alla porta, ma noi li invitavamo gentilmente ad andarsene.»

«È sicuro che questa ragazza non sia stata fra i curiosi?»

«Non saprei, non mi sembra, però io a metà pomeriggio mi sono assentato una mezz'oretta. Posso chiedere alla mia collega. Sarà qui tra poco.»

«Può per favore chiamarla e chiederle di venire subito?» intervenne l'ispettore Merola.

«Certo» e il ragazzo prese il cellulare, ma non fece in tempo ad avviare la chiamata che la porta si aprì per lasciare entrare una giovane donna dal viso contorniato da capelli castani ricci. «Nella, stavo per chiamarti. C'è qui la polizia, vogliono avere delle informazioni.»

La nuova arrivata salutò e guardò interrogativa Giulia e Antonio, il quale ripeté quanto già esposto al ragazzo e le mostrò la foto di Marta. La donna la prese in mano appoggiando la borsa su una sedia e puntandosi sul naso la montatura degli occhiali dalle lenti rotonde. «Ma... non è la ragazza trovata nel lago? Ho visto su FB una sua foto.»

«Sì, è lei.»

«Come potrei averla vista giovedì? Il museo era chiuso, solo un po' di curiosi... ma...» Nella guardò meglio il volto che le sorrideva dal cartoncino colorato. «Sì, giovedì si è presentata qui una ragazza, è entrata insieme a uno dei programmatori. Le ho spiegato che il museo non era ancora accessibile. Lei mi ha chiesto se potesse prenotare una visita per il fine settimana. Le ho spiegato che non era possibile, ma che avrebbe potuto passare il sabato, per allora sarebbe stato aperto ai visitatori. Ma si prevedeva molta affluenza e, date le restrizioni per il Covid, temevamo di non poter lasciar passare tutti.»

«La riconosce in questa ragazza?» chiese Giulia, eccitata.

«Direi vagamente. Ma potrebbe essere lei, sì. Non l'avevo collegata, prima. Ero molto impegnata, non l'ho guardata bene in viso e ci siamo parlate per pochissimi minuti. Oh, Dio mio! Potrebbe davvero essersi trattato della stessa persona.» Gli occhi castani si fecero più grandi dietro le lenti rotonde.

«Che ora poteva essere?»

«Non presto, direi quattro e mezza, cinque.»

«Vi siete dette altro?»

«No, mi ha ringraziata e mi ha detto che il sabato sarebbe venuta con una sua amica. Ora che ci penso, ha preso una di queste cartoline e se l'è messa in tasca.» Nella indicò dei cartoncini posati sul piano della reception raffiguranti il logo del museo su sfondo giallo, la famosa matita bicolore: la matita "rossa e blu" del maestro, nata nella filastrocca *La famiglia punto e virgola* e in un angolo la scritta *La fiaba è il luogo di tutte le ipotesi.* «Ha detto qualcosa circa una sorpresa che voleva fare. Poi se ne è andata.»

Giulia prese una delle cartoline. «La ringrazio tanto. Se il commissario riterrà di chiederle ancora qualcosa la contatteremo.»

«Certamente. Se penso che ho parlato con quella povera ragazza poco prima che morisse. Che stupida sono stata, a non collegarla alla foto postata sui social.»

Giulia, eccitata della scoperta, chiamò il commissario ancor prima di arrivare all'auto di servizio per dirgli che, anche se piccola, una traccia del passaggio di Marta a Omegna, il pomeriggio di giovedì, c'era. Ed era stata la sua passione per Rodari che li aveva indirizzati.

«Commissario, che mi dice?» chiese il dottor Davide Vinci, PM di Verbania seduto alla sua scrivania nel palazzo della pretura del capoluogo di provincia. «Sa che ho una grande stima di lei e le lascio ampio raggio di azione, nel rispetto di quanto lei deve tenermi informato, ovviamente» aggiunse con un sorriso di intesa. «Nei casi precedenti ha dimostrato una grande competenza e sensibilità e non ho sindacato se qualche volta ha agito senza interpellarmi subito. La sua lungimiranza le ha sempre dato ragione.»

I passati casi di omicidi che Verano aveva dovuto affrontare da quando aveva preso servizio presso il commissariato di polizia di Omegna avevano sempre trovato nella collaborazione e nella stima reciproca dei due inquirenti il loro punto di forza, così come con il questore che aveva preceduto la dottoressa De Angelis, che quel giorno non aveva potuto partecipare a quell'incontro, impegnata altrove. Il primo, l'omicidio di una ragazza avvenuto a Orta tre anni orsono e le due morti del Ferragosto dell'estate successiva – una donna scomparsa nella zona del santuario della Madonna del Sasso e un uomo precipitato con il parapendio dal Mottarone, accaduti praticamente nelle stesse ore – erano stati gestiti in quell'ottica e risolti con tempismo perfetto. «Ma mi sembra di capire che la morte di Marta Giordano sta tenendo in scacco anche lei. O mi sbaglio?»

Verano guardò il PM con un'espressione seria in volto. «Devo purtroppo ammettere che lei ha ragione. La morte di Marta Giordano mi tiene sveglio la notte. Abbiamo il corpo di una ragazza venuta a Omegna in gita, colpita più volte alla nuca e caduta, o gettata, nel lago. Qui non conosceva nessuno, ma può avere incontrato qualcuno che per qualche oscura ragione l'ha uccisa, o il suo assassino può averla seguita da Torino, oppure...»

«Oppure?» chiese il dottor Vinci inserendosi nel silenzio fra le parole di Verano.

«Si ricorda quando, a scuola, qualcuno passava il gesso sulla lavagna provocando un fastidioso rumore che faceva accapponare la pelle?»

Il PM lo guardò perplesso. Ma il cenno di assenso disse che anche lui ricordava quel grosso rettangolo nero che durante le lezioni veniva ricoperto di concetti aritmetici o grammaticali, per poi essere ripulito rilasciando una nuvola bianca di gesso.

«Ecco, per me la morte di Marta Giordano è la stessa cosa. Stride. Fa accapponare la pelle. Marta e l'amica avevano organizzato una gita a Omegna per il compleanno di quest'ultima. È arrivata a Omegna con il treno delle quattordici e trentasei, giunta al bed and breakfast, ha incontrato la proprietaria ed è uscita di nuovo. Sappiamo che alle sedici e quindici era sul lungolago dove ha scattato una foto che ha mandato all'amica con l'ultimo messaggio, intorno alle diciassette è passata al Museo Rodari per chiedere se potesse prenotare una visita, ha preso un cartoncino pubblicitario del museo, che però non è stato trovato – se l'era messo in tasca, sarà andato perso in acqua –, quindi se n'è andata. I miei agenti hanno setacciato Omegna, ma non hanno trovato nessuno che ricordi di averla vista. Pensiamo abbia comperato le maschere che abbiamo trovato nello zainetto a un banchetto di quelli da mercato che quel giorno erano stati montati in prossimità del municipio, alle diciotto e trenta l'amica è arrivata ed è andata al bed and breakfast, dove era d'accordo di incontrare Marta, ma lei non c'era, perché, o stava per essere uccisa, oppure era già morta. Nella camera c'era solo la valigia aperta sul letto e poche cose sparse, oltre al cellulare sotto carica che ci dice che era tornata. Quella ragazza ha lasciato una madre distrutta che non si spiega una morte così incomprensibile e amici poco più che adolescenti spaventati dalla vita, ma lontani dalla morte come il giorno dalla notte. Fra questi, un amore giovanile e l'amica del cuore alla quale non sarebbe sfuggito se qualcuno voleva fare del male a Marta.»

I gesti con le mani che avevano accompagnato la breve esposizione di Verano terminarono in un pesante silenzio che il PM interruppe dopo un lungo minuto. «Quando qualcosa stride e ci fa accapponare la pelle, bisogna farla tacere.»

Il suono delle parole di Viola giunse alle orecchie di Francesco come una campana funebre: se aveva coltivato una qualche speranza che la ragazza provasse qualcosa per lui, questa si sgretolò sul sedile dell'auto della Cinquecento parcheggiato in uno spiazzo buio non lontano dall'ufficio di Francesco. «Mi spiace di averti illuso, davvero. Ultimamente con Pietro le cose non sono andate molto bene e ti confesso che ho creduto di provare qualcosa per te. Ma in questi giorni in Liguria abbiamo parlato e mi sono resa conto che a lui tengo molto.»

Francesco fissava un pupazzetto dal ghigno beffardo appeso allo specchietto dell'auto, come se in quel momento fosse la cosa più importante del mondo.

«E poi, tu sei suo fratello, che casino combineremmo, se ci mettessimo insieme? Ci hai pensato?»

Lo sguardo del ragazzo ora era passato al profuma

ambienti a forma di alberello che penzolava accanto al pupazzo, era tentato di prendere a botte entrami, ma si tratteneva chiudendo a pugno la mano sulle gambe.

«Su, Fra', non prendertela. È colpa mia.» La mano di Viola sfiorò la sua.

«Mio fratello ha sempre avuto le cose più belle, riesce in tutto, lui! La scuola, il lavoro, la bella ragazza. Io sono il fratello sfigato» sbottò Francesco ritraendo la mano.

«Non dire così. Sei in gamba, dai. E troverai la ragazza adatta a te, vedrai.»

«Oh! Vuoi sapere le ultime dalla mia vita? Il lavoro mi fa schifo e io lo trascuro, abito in un buco di appartamento in un paese che sembra una favola di Disney, e...» prese fiato mentre Viola lo guardava un po' allarmata dalla piega che la conversazione stava prendendo, «trovo una ragazza, ci chiacchiero, e quella che fa? Viene ammazzata nel lago!».

«Cosa?»

«Quale di queste informazioni non ti è chiara? Quella che sono un pirla, che fuori dalle finestre di casa mia gatti di ogni tipo fanno la guardia, o che mi muore praticamente una ragazza sotto gli occhi?»

«Direi che la cosa più grave che mi hai appena detto è l'ultima. Cosa stai cercando di dire?»

«Ah, vuoi la storia del ragazzo che si vede venire incontro una bella ragazza sul lungolago di Omegna che gli chiede dove si trova il Museo Rodari, cominciano a parlare, non che si aspetti niente, ma... chissà. Chiacchierano per qualche minuto, lei non è di qui, ci è venuta per una gita. Gli chiede anche di qualche locale dove potrebbe andare a festeggiare il compleanno dell'amica che deve arrivare, di attività che potrebbero fare e lui le racconta che si possono fare immersioni, si fa bello spiegando che lui stesso pratica quello sport, dandosi pure delle arie.»

«Mi stai dicendo che "tu" hai incontrato la ragazza che è morta nel lago? E quando l'avresti vista?»

«Oh, proprio il pomeriggio del giorno in cui si presume sia morta.» Francesco alzò leggermente le spalle. Improvvisamente gli vennero le lacrime agli occhi.

«E non lo hai detto a nessuno?» Viola era allibita.

«All'inizio non ho abbinato la ragazza morta a quella incontrata velocemente a Omegna, poi, qualche sera dopo, ho visto la foto postata sui social e ho scoperto che erano la stessa persona. Ma ho pensato che io non c'entrassi niente con quella storia. Ci ho parlato, mica l'ho vista morire!» Si passò le mani fra i capelli.

«Devi dirlo alla polizia» decretò Viola.

«Adesso? Che importanza può avere, ormai?»

«Non lo sappiamo, magari nessuna. Ma non puoi tacere una cosa del genere: quella ragazza l'hanno ammazzata! E poi i tuoi conoscono il commissario, puoi andarci a parlare.»

«Che figura ci farei, presentarmi solo ora?»

«Probabilmente non ci faresti una bella figura, ma puoi dire la verità, che te ne sei reso conto dopo. Non puoi tacere, Fra'.»

«Ma perché io mi devo sempre mettere nei casini?» Francesco batté i pugni sulle ginocchia.

«Devi parlare con il commissario» insistette Viola. «Magari tuo padre ha il suo numero. Puoi chiedergli di parlargli informalmente, senza andare in commissariato. Mi sembra una persona comprensiva.»

«Non voglio mettere di mezzo mio padre.»

«Fai come vuoi, ma io dico che non puoi tacere» ribadì la ragazza, girando la chiave della macchina, chiaro segno che la conversazione era finita. «Ti saluto, Fra'. Ci vediamo. Io non dirò niente di quello che mi hai confidato, se hai bisogno di me, ci sono. Ma, ti prego, non fare lo struzzo.»

Francesco scese dalla macchina e rimase a guardare la Cinquecento allontanarsi con dentro la ragazza che per qualche tempo aveva pensato di poter conquistare. "Non fare lo struzzo", gli aveva detto. E lui, era diventato uno specialista, a vivere come in una bolla, nella vana attesa che la sua vita migliorasse. Salì sulla sua auto e guidò fino a Brolo e quando incrociò il gatto tigrato che ormai aveva fatto di quella via la sua casa e che gli si strofinò contro le gambe, pensò che magari avrebbe cominciato a fumare, tanto per prendere una decisione qualunque. Sì, sarebbe comperato il suo primo pacchetto la mattina dopo, prima di andare in ufficio, per trovare il coraggio di chiamare il commissario di polizia e chiedergli di riceverlo.

Mercoledì 3 novembre

Marina entrò nella stanza di Enea con un cesto di panni stirati fra le braccia e, depostolo sullo scrittoio ingombro di carte, aprì l'armadio. Le giacche del marito, appese ordinatamente, sfilavano insieme ai rispettivi pantaloni, mentre i maglioni e le camicie erano piegati sui ripiani inferiori. La donna prese un pullover azzurro dal cesto e si inginocchiò a terra per raggiungere la mensola più bassa. Infilò il braccio libero fra le maglie, ma il gesto risultò troppo maldestro e fece miseramente crollare gli indumenti. Imprecò e tolse tutto il mucchio con l'intenzione di ricomporlo. Qualcosa di duro le colpì le nocche della mano: si trovò così fra le mani una piccola scatola rossa. La guardò incuriosita prima di sollevarne il coperchio, gesto che fece con timore: davanti agli occhi un ciondolo d'oro a forma di cuore con delle pietre verdi che facevano da cornice la guardava. Era bellissimo. Stava per prenderlo quando le giunse all'orecchio il rumore della porta di ingresso: la signora che veniva un paio di volte a settimana ad aiutarla nei lavori domestici era arrivata. Ripose in gran fretta la scatolina che improvvisamente sembrò bruciarle nelle mani facendola sentire una ladra colta in flagrante.

Nell'uscire dalla stanza si chiese se quello che aveva appena scoperto poteva essere un regalo che Enea aveva comperato per lei, ma il suo compleanno era lontano, l'anniversario di matrimonio anche. Sebbene la cosa suonasse stonata nella sua testa, si convinse che una spiegazione doveva esserci.

Francesco parcheggiò davanti al commissariato a mezzogiorno in punto. Si annunciò al citofono e poco dopo fu introdotto all'ufficio di Verano.

«Francesco» lo accolse il commissario, «accomodati». L'uomo era rimasto molto sorpreso, quella mattina, nel ricevere la chiamata del figlio di Enea. Il ragazzo gli aveva chiesto di poterlo vedere quando fosse uscito dall'ufficio: c'era una cosa che voleva dirgli. Nel suo intimo, Verano temeva che ci fosse qualche problema in famiglia, ma se fosse stato così, avrebbe dovuto trattarsi di una cosa grave, per rivolgersi addirittura alla polizia. Fu quindi con una certa impazienza che guardò Francesco invitandolo a parlare.

«Le sarà sembrata strana, la mia chiamata» esordì il ragazzo, indovinando i sentimenti di Verano. In tasca si rigirava il pacchetto di sigarette comperato la mattina nella tabaccheria sotto l'ufficio, ancora sigillato. «Be', io devo innanzi tutto scusarmi per essere venuto solo oggi a parlarle.»

Verano continuava a guardarlo in silenzio appoggiato allo schienale della sedia con le mani giunte davanti al viso serio. Si sentiva il nodo della cravatta troppo stretto, ma resistette dall'allentarlo.

«Sarà meglio che venga al punto. È che mi è difficile, mi sento così stupido» sospirò. «Be', io... credo di aver parlato con la ragazza morta nel lago» disse tutto d'un fiato. «Prima che morisse, voglio dire» precisò.

Verano staccò la schiena dallo schienale sciogliendo le dita in uno scatto involontario.

«A Omegna, giovedì dell'altra settimana.»

«Raccontami tutto. Però, dato come stanno le cose, devo chiedere a un agente di redigere un verbale, quello che mi devi dire riguarda un caso di omicidio.» Giulia fu chiamata e si sedette a una scrivania di lato, al computer.

Il resoconto dell'incontro fra Marta e Francesco fu riportato nei dettagli più precisi possibili. Lui che aveva dovuto uscire dall'ufficio per recarsi da un cliente, la ragazza che camminava sul lungolago e lo aveva apostrofato chiedendogli dove si trovava il nuovo museo, la conversazione durata una decina di minuti.

Alla fine del racconto Francesco tacque. Verano sembrò riflettere per qualche minuto, poi rispose con la pacatezza che gli era propria. «Non ti nascondo che hai fatto male ad aspettare fino a oggi a venirmi a raccontare di questo incontro. Abbiamo così pochi elementi su quella povera ragazza che poter ricostruire almeno in parte ciò che le è accaduto quel pomeriggio ci aiuta.»

«Scusi, commissario, davvero. Me lo ha detto anche Viola, che sono uno stupido.» Il ragazzo si mosse sulla sedia, nervoso.

«La gente ha sempre delle remore, a parlare con la polizia. Ne hai parlato con qualcun altro? Per Viola intendi la ragazza di tuo fratello?»

«Sì, lei. Gliel'ho detto ieri sera. E mi ha praticamente obbligato a venire in commissariato. Non ne ho parlato con nessun altro. Glielo giuro.»

«Perciò, hai visto Marta Giordano allontanarsi verso il centro, presumibilmente diretta al museo.»

«Sì. Avevo parcheggiato ai giardini. Ho guardato l'ora: erano le cinque meno un quarto, ero stato via dall'ufficio più di un'ora.»

«Per ora ti ringrazio. Se dovessi ricordare qualche altro particolare, avvisami subito.»

I due si salutarono e Francesco uscì dal cancello. Gli tremavano le mani e, appoggiato al muro, estrasse dalla tasca il pacchetto di sigarette e ne prese una, ma, portatala alle labbra, si rese conto che non aveva fiammiferi. Si diede un'altra volta dello stupido.

In ufficio, Verano si allentò la cravatta, ma non riuscì lo stesso a respirare più liberamente. Il nodo che aveva in gola non partiva dalla stoffa dell'indumento, ma era più profondo e veniva direttamente dal suo stomaco.

Giovedì 11 novembre

Giulia bussò alla porta ed entrò: aveva dei documenti da far firmare al suo superiore. Verano appose la firma svolazzante con gesti decisi e le restituì i fogli sui quali spiccava il logo della Polizia di Stato.

«Niente di nuovo?» La ragazza aveva notato l'aria seria del commissario. I giorni passavano uguali e nell'aria non si respirava nulla di nuovo da più di una settimana, ormai.

«No, nulla.» Lo sconforto era palpabile. Verano sembrava bucare con lo sguardo i fogli ben in vista sulla sua scrivania che riportavano i pochi elementi raccolti su Marta Giordano e sull'ultimo pomeriggio della sua vita, trascorso a Omegna – l'ultimo tassello raccolto era stata l'individuazione dell'ambulante che doveva aver venduto le maschere a Marta, ma l'affluenza della gente non gli aveva permesso di ricordare la vendita di quelle due specifiche maschere. E l'esame del traffico telefonico del cellulare della ragazza aveva confermato le chiamate e i messaggi con gli amici senza far emergere nulla di più –, che purtroppo non bastavano a capire quanto fosse accaduto a Marta in quella manciata di ore e che spiegasse le ragioni della sua morte. «Ho avvisato la madre di Marta che può venire a prendere gli effetti personali della figlia. Sarà qui lunedì.»

«Non le dice del ragazzo che ha parlato con sua figlia quel pomeriggio? Magari ne è felice» chiese Giulia. L'aveva molto colpita, quell'incontro fra Marta e un ragazzo di Omegna sul lungolago.

«Sì, forse hai ragione, ma magari le fa ancora più male.»

«Non credo che possa stare più male di così.»

Il campanile di Sant'Ambrogio batté dodici rintocchi e gli risposero quelli delle chiese di Omegna, da San Gaudenzio a Santa Maria Assunta di Cireggio: un eco gioioso di campane che stonava con la giornata uggiosa di novembre inoltrato.

Enea guardava dalla finestra della sala della madre il lago incresparsi da un vento leggero. La tavolozza dei colori d'autunno era al culmine e le foglie cadute a terra formavano il quadro di Omegna che ogni anno metteva in competizione i fotografi locali. Virginia, seduta sul divano giallo al centro del salotto fissava la schiena del figlio con il suo severo cipiglio. La crocchia dei capelli bianchi, molle sulla testa, sembrava cedere da un momento all'altro, gli occhiali da lettura posati sul tavolino accanto ai cruciverba.

«È dalla cena della sera di Halloween che non vedo Marina. Va tutto bene? Dille di passare da me, vorrei farle vedere degli abiti» disse l'anziana donna alle spalle di Enea, che si ostinava a tacere.

«Oh, lei ha il suo equilibrio. Spesso le invidio quel suo modo di percorrere la vita su binari tutti suoi» rispose Enea senza girarsi, apparentemente interessato alla vista di un'imbarcazione che tornava al porto di Bagnella.

«Puoi essere felice, di tua moglie.» Enea non poteva

vedere l'aria truce della madre che sembrava lanciargli lamine di fuoco alla schiena.

«Non credo di essere male nemmeno io, come marito» ribatté, pensando che Virginia non si smentiva mai: ogni occasione era buona per fargli sentire la sua autorevolezza materna.

«Marina ha percorso binari, come dici tu, sui quali ha fatto stare tre figli, un lavoro, un marito, una casa, un fratello che ha preso i voti e una tragedia familiare che non potrà mai dimenticare.»

Enea si voltò verso l'interno del locale. «Tutti abbiamo le nostre tragedie familiari, mamma» disse con un sospiro assestandosi gli occhiali sul naso. Si sentiva stanco.

«Non essere il solito melodrammatico. Una sorellina che ti muore davanti agli occhi direi che è un po' sopra la media.»

«Certo, certo. Ma ricordati che ci sono inferni meno evidenti ma che durano tutta la vita.»

«Ti riferisci ad avere avuto una madre come me?»

«Adesso sei tu che fai la melodrammatica.»

«A proposito, ho sentito che Fabio ti ha regalato una maschera da damina, Marina non avrà certo apprezzato. Non gli avevi mai raccontato la storia di Anna?»

Adesso era la mano di Enea che fendeva l'aria in un gesto evasivo. «L'ho riposta in un cassetto. Non sono così crudele da mettere davanti agli occhi di mia moglie una cosa che le ricorderebbe quella sorellina morta. Fabio sa dell'incidente, ma non credo di avergli mai detto il particolare della maschera.»

«Credo che Fabio sia l'unico amico che tu abbia mai avuto.»

«Sicuramente è uno dei pochi che vedo ancora.»

«E adesso dimmi come stai. E… voglio la verità! Non le solite tiritere dell'epatite che hai debellato condite con i tuoi sorrisi mesti. Ho avuto un marito medico e certi sguardi li conosco, anche se voi dottori cercate di ricamare ad arte le bugie.»

«Sto bene. Davvero. Sto andando a Milano per un controllo, ci starò fino a domani.»

Virginia guardò severa il figlio. «Voglio crederti. Guarda che alla mia età sono io che me ne devo andare, e siccome non intendo farlo presto, cerca di non farmi scherzi.»

Enea si avvicinò alla madre e le sfiorò la guancia con un bacio. «Messaggio ricevuto. Ci vediamo presto.»

La donna lo trattenne per qualche secondo. «Riguardati.»

Enea si avviò alla porta, ma prima di uscire dalla stanza rivolse un ultimo sguardo alla madre. Gli apparve invecchiata, come se gli anni che aveva sulle spalle avessero improvvisamente deciso di rivendicare i propri diritti.

Sara stava cercando di riprendere in mano la sua vita dopo la tragedia che l'aveva travolta, ma di pensare all'università e pianificare le lezioni di inizio semestre non se ne parlava. Non appena cercava di porre attenzione ai libri, le parole le danzavano davanti senza fissarsi nella memoria e lei si ritrovava a navigare sui social per ingannare l'apatia. La signora Vittoria le aveva chiesto se volesse recarsi con lei a Omegna a prendere le cose di Marta, la settimana dopo, e se le faceva piacere, di dirlo anche a sua madre. Lei aveva risposto di sì, pensando di non potersi esimere. Poi, la donna le aveva detto che la polizia aveva scoperto che Marta aveva incontrato un ragazzo, durante il suo ultimo pomeriggio di vita, e il commissario le aveva chiesto se volesse incontrarlo. Poiché Vittoria aveva risposto di sì, in commissariato avrebbero visto anche lui: nell'udire questa notizia, Sara si era pentita di aver accettato – sarebbe stato penoso –, ma ormai si era impegnata. Il cellulare le squillò fra le mani.

«Ehi, che fai?» Era Luca. Gli amici di Marta si facevano sentire spesso, istintivamente attratti verso Sara, diventata ai loro occhi una specie di vittima-eroina, in un senso di protezione da ciò che era accaduto.

«Niente.» Luca, in particolare, che non si dava pace, era colui che più di tutti la cercava, e lei, sebbene non lo volesse ammettere, cominciava a provarne piacere. Un vago pensiero di riuscire a conquistare Luca si stava insinuando furtivo nella sua mente. Magari non era così tardi.

«Anch'io non riesco a combinare niente.» Le loro conversazioni erano sempre essenziali, dove i silenzi dicevano più delle parole. Fu solo qualche secondo che Luca aggiunse: «verresti con me al lago, un giorno?»

«E a fare cosa?» Perché tutti volevano farla tornare a Omegna?

«Niente, così…»

«Senti, Luca, lo so che stai male. Che state tutti male. Anch'io non faccio che pensare a Marta. Ma non è andando al lago che la riportiamo in vita. Abbiamo bisogno di tempo.»

«È che non ci posso credere, che Marta non ci sia più.» Un paio di lattine vuote giacevano sul pavimento della camera, dove il ragazzo era disteso.

«Dai, vai a dormire. Ci sentiamo domani.»

Sara gettò il cellulare sul letto e si sedette a terra, la schiena contro il mobile e le gambe avvolte dalle braccia. Appoggiò la testa alle ginocchia. Di nuovo il suono del cellulare le arrivò soffocato dalle coperte.

«Ciao, come stai?» Era sua madre dalla casa di famiglia di Avigliana, di cui era rimasta unica proprietaria e che usava come rifugio ogni qualvolta avesse voglia di starsene un po' da sola.

«Ciao, mamma. Tutto bene.»

«Ehi, cosa stai facendo?»

«Niente.»

«Devi promettermi di stare bene, Sara.»

«Sto bene, mamma. Stai tranquilla. La settimana prossima vado a Omegna con la madre di Sara, vieni anche tu?» Improvvisamente la ragazza desiderò la vicinanza della madre per affrontare di nuovo Omegna e quel lago maledetto.

«Sì, certo. Se vuoi torno a casa già domani e facciamo qualcosa nel fine settimana.»

«No, resta pure lì. Io cerco di studiare. Ci vediamo domenica sera.»

«Va bene. Però domani chiamami. Ok?»

Sara strisciò il dito sullo schermo. Amava profondamente la madre e aveva un bel rapporto con lei, soprattutto da quando erano rimaste sole dopo la morte del padre. Ma che la trattasse come una stupida indossando ostinatamente la maschera della madre perfetta tenendo la sua vita ad Avigliana misteriosa, quello non le andava giù. Era stata proprio Marta che le aveva detto di aprire gli occhi, che sua madre era una bella donna e che sicuramente frequentava qualcuno, utilizzando la casa di famiglia per una relazione.

Manuela appoggiò il cellulare sul ripiano della cucina. Andò verso il salotto passando davanti al pregiato mobile del corridoio, il cui specchio colse la preoccupazione del viso. Entrata nel locale, sorrise all'uomo che, sprofondato nel divano con le gambe accavallate, l'attendeva. Lui prese i due calici di vino che aveva preparato e glieli porse. Fu allora che Manuela notò una piccola scatola di velluto rosso che spiccava sul cristallo.

Lunedì 15 novembre

Vittoria aveva preso fra le mani la busta con lo zainetto di Marta e l'aveva posata sul grembo, doloroso passaggio di testimone. Verano ribadì che nulla sarebbe rimasto intentato per arrivare alla verità sulla morte della figlia. Purtroppo, non c'era molto da dire in quella mattina sul Lago d'Orta, e nell'ufficio del commissario rimbalzarono parole che raccontavano di una triste storia di cui per ora non si poteva scrivere la parola *fine*.

«Sappiamo che Marta, quel pomeriggio, ha domandato a un ragazzo incontrato sul lungolago indicazioni per raggiungere il nuovo museo. Ho chiesto a quel ragazzo, seguendo il suo desidero, di venire qui oggi e credo che ora sia fuori in sala d'aspetto» esclamò Verano. Davanti a lui la madre di Marta, Sara e Manuela, lo guardavano. Fece cenno a Giulia di andare a chiamare Francesco Medici.

Francesco era ancora nel parcheggio del commissariato in preda a una feroce agitazione. Sapeva che quello che gli era stato chiesto era importante per quelle persone – il commissario gli aveva parlato della madre e di un'amica della ragazza morta –, e lui non si era pentito di aver accettato quell'incontro, ma ora temeva di non essere all'altezza della situazione, che era certo si sarebbe dimostrata gravosa. Guardò la strada per vedere se la madre stava arrivando. Aveva visto lei e suo padre la sera prima a casa raccontando loro e a Margherita dell'incontro con Marta e della convocazione in commissariato. La sorella era rimasta molto impressionata e si era fatta raccontare ogni particolare, mentre sua madre, sorda alle proteste del figlio, gli aveva detto che lo avrebbe accompagnato.

Quando Francesco vide la Renault della madre svoltare nel parcheggio, fermarsi e aprirsi per farla scendere, si passò le mani fra i capelli e le andò incontro. Il rapporto fra i due era sempre stato controverso: dei suoi due figli maschi, Marina considerava Francesco quello più ribelle – Pietro era invece stato più disciplinato e difficilmente con lui aveva dovuto ricorrere alle maniere forti –, e le aveva dato non pochi problemi, soprattutto durante l'adolescenza. Marina pensava a quello nei pochi passi che la dividevano dal figlio, che ora, di fronte ai primi confronti con la vita vera, appariva indifeso. «Ehi, stai tranquillo» lo rassicurò.

Francesco improvvisamente si sentì sollevato ad avere la madre accanto. «Dai, entriamo.»

Fu proprio mentre arrivarono nella sala d'attesa che la porta dell'ufficio di Verano si aprì e Giulia chiamò Francesco. Mentre il ragazzo entrava dal commissario, Marina si sedette su una delle sedie poste lungo la parete della sala d'attesa.

Fatte le presentazioni, Francesco prese posto accanto alla madre di Marta. Fu la donna che lo guardò e gli chiese di raccontare tutto di quei minuti in cui aveva parlato con Marta. Sembrava avergli letto nel pensiero, perché si scusò per quella richiesta che forse lo metteva a disagio, ma che ci teneva capisse quanto fosse importante per lei sapere ogni cosa delle ultime ore di vita della figlia.

«Certo, signora. Si immagini, io...» rispose Francesco spostandosi nervosamente sulla sedia. «Quel pomeriggio ero fuori per lavoro e ho parcheggiato vicino al lungolago. Stavo tornando alla macchina quando ho visto venirmi incontro una ragazza: era Marta. La guardavo mentre camminava verso di me e forse è per quello che mi ha interpellato per chiedermi come arrivare al Museo Rodari. Io le ho detto dove si trovava e come arrivarci: da dove eravamo non sarebbero serviti più di due, tre minuti a piedi. Mi ha spiegato che desiderava visitarlo insieme a un'amica che sarebbe arrivata più tardi perché a entrambe piacevano le sue storie; io ci ho scherzato, dicendo che a me invece non è mai piaciuto, e che lui si è vendicato dall'aldilà facendosi intitolare la via che conduce a dove abito adesso» sorrise a quel pensiero superfluo.

«Poi mi ha chiesto se potessi consigliarle un locale dove andare a bere e ascoltare della musica, o a ballare perché il giorno dopo sarebbe stato il compleanno dell'amica. Io le ho risposto che qui non ci sono discoteche, bisogna andare fino ad Arona per trovare qualcosa. Ho visto il suo disappunto nello spiegarmi che non avevano a disposizione una macchina e per consolarla le ho detto che le restrizioni per il Covid stavano comunque rovinando tutto il divertimento. Poiché eravamo vicino al lago, mi è venuto spontaneo dirle che avrebbero potuto fare immersioni, sulla sponda verso Pettenasco, dove io stesso ho imparato da poco. Alla fine, l'ho lasciata che si avviava verso il centro.»

«L'amica che Marta stava aspettando ero io» intervenne Sara.

Gli sguardi dei presenti caddero su di lei, e Francesco la guardò in viso per la prima volta, rimanendo molto colpito. Il neo che faceva capolino fra la bocca e il naso leggermente all'insù gli provocò una strana sensazione. I capelli erano lunghi e ben lisciati sulle spalle, scuri e lucidi.

«Lo avevo immaginato» le disse.

«Era bella, vero, Marta?» commentò Sara, gli occhi fissi sul ragazzo.

«Sì, era davvero bella. Mentre le parlavo ho notato che si lisciava spesso la ciocca di capelli biondi sulla destra. A un certo punto mi ha chiesto se mi piacesse.»

«Sì, anche a me l'ha mostrata orgogliosa, l'ultima mattina che l'ho vista. Se l'era fatta da poco» disse la madre di Marta, accompagnando le parole con un sorriso triste. Sara non fece commenti.

Dopo qualche secondo di silenzio, Francesco continuò. «Poi ho dovuto lasciarla, dovevo rientrare al lavoro» poi aggiunse: «mentre si allontanava pensavo che avrei potuto chiederle il numero di cellulare, ma ormai era troppo tardi».

«Sono sicura che te lo avrebbe dato.»

Il ragazzo arrossì.

«Grazie, Francesco. Sono certo che alla signora Marino ha fatto piacere parlare con te. Ti chiedo un ultimo sforzo: non hai nulla da aggiungere? Ti ha colpito qualcosa?»

Francesco focalizzò nella mente i minuti durante i quali aveva parlato con Marta: il bel viso con gli zigomi alti che le davano una nota aristocratica, la ciocca bionda che spiccava sulla tempia destra, gli occhi marroni, grandi, il giaccone scuro sopra il maglione azzurro e il colletto bianco della camicia che spuntava ribelle. «Si comportava in modo molto naturale. E, direi, amichevole, considerando che per lei ero un perfetto sconosciuto. Mi è spiaciuto salutarla, se non fossi stato sul lavoro le avrei proposto di accompagnarla al museo. Ma lei mi ha salutato improvvisamente, a dire il vero, e ora che ci penso, ha guardato lontano, verso la strada, e per qualche secondo ho avuto l'impressione che non mi stesse più ascoltando. Poi è ritornata a guardarmi e mi ha ringraziato, lasciandomi lì su due piedi. Sembrava contrariata. L'ho vista incamminarsi velocemente verso il centro. Forse è una stupidata, non so se ha avesse visto qualcosa di particolare, ma, dal suo atteggiamento, può anche essere stato così.»

«Hai avuto quindi l'impressione che qualcosa l'avesse colpita? Come vedere qualcuno o qualcosa di inaspettato?» chiese Verano appigliandosi a quel nuovo, piccolissimo, elemento.

«Sì. Ma è stata questione di pochi secondi, mi è solo tornata alla mente ora, ripensando a tutta la scena. Non ci avevo più pensato, prima di questo momento.»

Al congedo di Verano, Vittoria si alzò per prima e si avviò alla porta, che Giulia si premurò di andare ad aprire. Sara e sua madre rimasero indietro. Francesco salutò per ultimo il commissario e si accodò all'uscita.

In sala d'attesa, Marina si alzò dalla sedia. Mentre Vittoria aspettava, Sara si fermò con Francesco, e con loro la madre che rimase ad attendere la figlia a pochi passi da lei.

«Se non ti scoccia, ti lascio il mio numero, magari

qualche volta possiamo sentirci» disse Sara a Francesco.

«Certo, volentieri» a Francesco parve impossibile che quella ragazza volesse rivederlo, ma mentre le dettava il numero frenò l'entusiasmo pensando che l'unica ragione fosse perché lo legava al ricordo dell'amica. «Ti presento mia madre» aggiunse cercando di darsi un contegno, indicando Marina, dietro di lui.

«E lei è la mia, di madre» disse Sara facendo la stessa cosa con Manuela, che nel frattempo si era avvicinata.

Lo schianto della macchina su cui viaggiamo, uno schiaffo ricevuto in pieno viso, o la caduta di un oggetto pesante a pochi passi da noi, ognuna di queste cose, come molti altri, improvvisi, eventi ci fanno saltare il cuore in petto e scuotere tutto il nostro essere. Per Marina, il preciso istante in cui guardò Manuela Brunatti, abbassando istintivamente lo sguardo sul collo della donna sulla cui pelle spiccava un ciondolo a forma di cuore incorniciato da pietre verdi, fu come essersi scontrata con la propria auto, aver ricevuto uno schiaffo in pieno viso o essersi vista cadere a fianco un grosso macigno, o tutte queste cose insieme. Il cuore le scoppiò nel petto e un'ondata di caldo le percorse il corpo. Il viso cambiò di colore e la mano che stava per dare alla donna le si bloccò a mezz'aria.

«Mamma...» Francesco aveva guardato la madre e, notando quell'improvviso cambiamento, si allarmò. «Che succede?»

«Marina, buongiorno sei qui anche tu?» chiese Verano che, uscito nel frattempo dall'ufficio, aveva visto l'amica. Ma, vedendo il suo viso stravolto, aggiunse, avvicinandosi. «Cosa c'è?»

Marina si scosse e terminò il gesto con la mano, stringendo quella di Manuela. Avvertì nel palmo della mano l'anello che l'altra portava al dito. Cercò di darsi un contegno: «Piacere… scusate, ho avuto solo un giramento di testa. Tutto a posto».

«Mamma, tutto bene?» chiese Francesco preoccupato per la reazione della madre avuta in quegli ultimi minuti, non appena la macchina con a bordo Vittoria, Manuela e Sara svanì alla loro vista. «Cos'è successo? Conosci quella donna?» gli era parso che per sua madre, vedere la madre di quella ragazza era stato come incontrare un fantasma, o un mostro.

Marina ora era appoggiata alla sua auto e guardava il figlio senza realmente vederlo. «Ehi!» cercò di scuoterla Francesco. Poi gli occhi della donna tornarono a focalizzare di nuovo il presente. Si scosse. «Scusa. No, certo che non la conosco.» Tutto quello che Marina voleva fare era solo tornare a casa. «Tu, piuttosto, com'è andata?»

«Una situazione surreale. Adesso vado al lavoro. Grazie per avermi accompagnato, ci sentiamo più tardi.»

La prima a salire in macchina fu Marina, la quale aspettò che Francesco facesse altrettanto e partisse. Poi respirò a lungo e, solo quando le sembrò di poter essere in grado di guidare, accese il motore. Ma il viso di Verano che compariva davanti al mezzo e si avvicinava al finestrino glielo fece spegnere.

«Marina, che ti succede?»

Un'ora più tardi la stessa domanda gliela formulava Carlo, dal quale si era presentata in preda alla più grande agitazione.

«È capitato qualcosa ai ragazzi? O a Enea?» erano seduti in casa parrocchiale, a un grosso tavolo di legno e il fratello le teneva la mano.

«Credo che Enea abbia un'amante.»

«Ma dai, Marina! Non ci posso assolutamente credere.» Carlo sorrise all'apparente assurdità di quell'affermazione.

Marina raccontò del ciondolo a forma di cuore scoperto all'interno di una scatolina fra le cose di Enea e rivisto quella mattina al collo di una sconosciuta – donna che lei era certa di aver già incontrato una sera di qualche tempo prima in un ristorante di Omegna. Sebbene l'avesse vista di sfuggita, credeva di averla riconosciuta –, ripetendo quanto già riferito a Mario non più tardi di un'ora prima. Al fratello dovette anche raccontare brevemente dell'incontro fra Francesco e Marta e della conseguente convocazione in commissariato, ma questo passò in secondo piano.

«Non è meglio che tu vada subito a casa a controllare se questa fantomatica scatolina c'è ancora?»

«È la prima cosa che ho fatto: non c'è più, e in quanto al ciondolo, è molto particolare, sono pronta a scommettere che è lo stesso.»

«Perché ne hai parlato con il commissario?»

«Non ho potuto farne a meno: ha visto la mia reazione di fronte a quella donna e mi ha praticamente costretta ad andare nel suo ufficio per farmi calmare. Mi ha detto che è di Torino ed era a Omegna per la ragazza morta nel lago, che era l'amica di sua figlia.»

«Non fantasticarci troppo su. Non ce lo vedo, Enea, nei panni dell'amante e, scusami, sai che non è stato bene, non può aver avuto la testa e il tempo per avere un'altra donna e poi, hai detto che è di Torino, e questo rende la cosa ancora più improbabile.»

«A questo punto mi sembra di non credere più a niente.» Marina guardò il fratello e sospirò.

«Cosa pensi di fare? Affrontarlo?» le chiese Carlo prendendo le mani della sorella fra le sue.

«Non credo che riuscirò a vivere con questo peso. Troverò il momento più opportuno e gli chiederò di dirmi la verità. Se mi sarò sbagliata, ne rideremo insieme»

«Però promettimi di prenderti il tempo per poter fronteggiare la cosa con calma.»

Marina si alzò dalla sedia avviandosi verso la porta. Sul portoncino di ingresso della casa parrocchiale si salutarono con un affettuoso bacio sulla guancia.

«Scusami, come al solito ti faccio preoccupare per me. Devo essere una sorella orribile. Orribile ed egoista.»

«Non sei niente di tutto questo, e lo sai.»

Sara, appena a casa, andò in camera sua e, gettatasi sul letto, si addormentò con la testa sotto il cuscino perché non le arrivasse la luce del giorno.

Fu la madre che qualche ora più tardi bussò alla porta e la riportò in vita, mentre fuori il giorno se n'era andato e Torino si animava nelle luci elettriche delle vie che cercavano di ravvivare uno dei mesi più cupi dell'anno.

«Sara…» la madre le sfiorò il braccio. «Vieni a cena?»

«Non ho fame.»

«Mi ha chiamata la madre di Marta ringraziandomi per essere andate con lei, oggi» disse Manuela alla figlia mentre si sedeva sul letto accanto a lei.

Sara si scostò per fare posto alla madre. Si sentiva ancora intorpidita dal sonno, ma non osò alzarsi. Manuela aveva indossato una comoda tuta azzurra in ciniglia.

«Secondo Marta, tu hai una relazione che tieni confinata nella casa di Avigliana. Me lo ha detto quella volta che siamo venute a trovarti, fine primavera scorsa, una delle prime uscite dopo la seconda ondata di pandemia.» Le uscì così, quella frase, in un improvviso bisogno di verità. Se già da tempo aveva dei sospetti, il ciondolo che la madre portava al collo dalla sera prima, quando era arrivata a casa dopo un paio di giorni trascorsi ad Avigliana, li aveva accentuati. Non aveva però osato chiederle nulla, ripromettendosi di trovare il momento giusto per farlo. Ora sentiva che quel momento era arrivato.

«Marta aveva ragione.»

«Non sono una bambina, mamma. Già lo dubitavo, e quel ciondolo che hai al collo, non può che essere un regalo. Perché non mi hai detto niente?»

«Temevo che ti sentissi tradita. Abbiamo stretto un bel rapporto da quando tuo padre è morto. Avevo paura di perderti.» Guardò la figlia negli occhi.

«Ti va di raccontarmi?»

«Certo che mi va, se tu lo vuoi.»

«Ti ascolto.»

«Ho conosciuto Enea all'inizio di quest'anno, in ospedale a Torino. Quando ho fatto quegli accertamenti. Eravamo insieme nella sala d'aspetto. Entrambi bardati con le mascherine, dei visi ci vedevamo poco, ma ci siamo più volte scambiati sguardi e, alla fine, lui mi ha chiesto se conoscessi il dottore che stavamo attendendo. Io gli ho risposto di no, ma che me ne avevano parlato bene, ragion per cui avevo deciso di consultarlo. "Be', le

devo confessare che Angelo è un mio caro amico, abbiamo fatto l'università insieme e ci siamo laureati nello
stesso anno. Credo che abbiano ragione, quelli che glielo hanno consigliato, all'università era uno dei migliori",
mi ha detto. Abbiamo parlato fino a quando è entrato
dal medico. Non l'ho visto uscire perché deviavano
i pazienti in modo che non ci fossero assembramenti.
All'uscita, con mia grande sorpresa, me lo sono trovato d'avanti. Era là in piedi e, appena l'ho raggiunto, mi
ha chiesto se dal medico fosse andato tutto bene. Alla
mia risposta positiva, si è presentato e mi ha invitata a
mangiare qualcosa insieme. Senza nemmeno pensarci,
ho accettato. Avevo già visto la fede al dito di Enea, ma
ho pensato che non ci fosse niente di male. Siamo andati
in un bar a mangiare un panino e prima di salutarci mi
ha chiesto se potesse vedermi ancora. Io ho indicato la
sua mano sinistra e lui non ha negato di essere sposato,
ma che se io avessi avuto piacere, a lui sarebbe piaciuto rivedermi. Ci siamo incontrati la settimana dopo, e
quella dopo ancora, ma fra di noi incombeva l'ombra del
suo matrimonio di cui non mi aveva mai parlato aper-
tamente. A un mese dal nostro primo incontro, gli ho
parlato della casa di Avigliana dove avremmo potuto
vederci con tranquillità, a patto che le cose fra di noi
fossero chiare. "Non posso dirti che non amo mia moglie, siamo sposati da tanti anni e sono molto legato a
lei, abbiamo tre figli e la mia è una bella famiglia. Non la
lascerò. Vorrei però vivere questa cosa che mi è capitata
con te. Sono in un momento delicato per la mia salute, e
aver conosciuto te mi sta aiutando molto. Quindi, se non
vorrai vedermi più, lo capirò. In caso contrario, sarei
molto felice di venire nella tua casa di Avigliana", sono

144

state le sue parole, delle quali ho apprezzato la sincerità e abbiamo cominciato una relazione. La sua salute è migliorata e insieme abbiamo vissuto dei bei momenti. Naturalmente sapeva che avevo una figlia ma io ho fatto in modo che non vi incontraste mai, e lui non mi ha mai detto dove abita. Era da me anche il giorno che mi hai telefonato per dirmi di Marta. E, anche questo ultimo fine settimana, quando mi ha regalato il ciondolo.

Sara prese le mani della madre. «Sono davvero contenta per te, mamma.»

«Grazie, tesoro. Mi hai tolto un peso dal cuore.»

«E ora, che programmi avete?»

«Nessuno. Il sapere che è impegnato, sebbene l'abbia compreso e sopportato sin da subito, mette un limite allo stare insieme. Credo di volergli bene veramente, e così penso di lui, ma che futuro possiamo mai avere insieme? Spesso penso che dovrei trovare il coraggio di troncare.»

«Pensi che la moglie sospetti qualcosa?»

«Non credo, se conosco un po' Enea, avrà certamente trovato il modo di vedermi senza insospettire a casa. E certamente con la moglie non sarà cambiato, è troppo gentiluomo per far stare male qualcuno, specialmente le persone alle quali è legato.»

«Dagli tempo. Per ora non fare nulla, vedi come vanno le cose» le consigliò Sara.

«Farò così. Ma ora veniamo a cosa è accaduto oggi in commissariato, in macchina avete parlato tutte e due poco. Cosa pensi di quello che ha raccontato quel ragazzo? Ho visto che vi siete scambiati i numeri di cellulare, credi che vi sentirete?»

«Mm, non lo so.» Si sollevò di più accomodandosi il

cuscino dietro la schiena. «Hai visto la reazione della madre quando ti ha vista in sala d'aspetto? Cosa le avrà preso?» chiese cambiando discorso.

«Sarà stato solo un malore» rispose Manuela.

«Adesso mi è venuta fame» e, mentre scendeva dal letto, Sara decise che avrebbe mandato un messaggio a Francesco quella sera stessa.

Martedì 16 novembre

Virginia era al balcone del suo appartamento e guardava il lago che si mostrava superbo alla prima luce del sole di novembre. Più tardi avrebbe raggiunto Bagnella e le piante con le pennellate di giallo e ogni possibile variante della sua scala cromatica, incorniciando l'acqua e baciando la leggera struttura metallica del *Barone Lamberto*, celebre personaggio di una delle più conosciute storie rodariane *C'era due volte il Barone Lamberto*, che faceva la guardia dalla sua postazione nel lago, a pochi metri dalla riva. Lei avrebbe voluto poter godere di quella pace, ma i pensieri nella testa non le lasciavano tregua. Dalla sala le arrivò il suono del cellulare: entrò sospirando e vide sul display il nome di Margherita. «Ciao, tesoro» esclamò sedendosi su una poltroncina.

«Nonna, devi venire qui subito.» La voce della nipote le arrivò come una lama.

«Che succede?»

«Ieri sera mamma e papà hanno discusso. Non era mai successo. Questa mattina papà non l'ho nemmeno sentito uscire, ma in casa non c'è, e mamma è ancora a letto. Sono entrata da lei poco fa e mi ha detto di lasciarla dormire, che ha mal di testa, ma so che sta male per quello che è accaduto. Le ho chiesto come mai hanno litigato, ma mi ha detto di non volerne parlare. Io oggi volevo andare a Milano, ma non posso lasciare la mamma in un tale stato.» Margherita parlava fra le lacrime.

«Stai calma. Arrivo.»

Virginia chiuse la telefonata e rimase immobile per qualche secondo. Margherita aveva ragione: Enea e Marina, che lei sapesse, non erano soliti litigare, o almeno non in modo da allarmare i figli. Che fossero giunti a una tale dimostrazione di rabbia la sconcertava. Tentò di ritrovare la calma, poi guardò il telefono e cercò con le mani tremanti il numero di Enea. Ma il figlio non rispose. Imprecò e sbatté l'apparecchio sul piano di cristallo del tavolino. Uscì dal locale e si avviò in camera. In corridoio quasi si scontrò con Flora che vi stazionava con l'aspirapolvere accesa. Dopo aver inciampato nel filo dell'elettrodomestico, Virginia proferì una seconda imprecazione e, entrata nella sua stanza sbattendo la porta, ne uscì cinque minuti più tardi vestita con pesanti pantaloni marroni, maglia a collo alto verde bosco, foulard e giaccone abbinati. Ripassò dal soggiorno a recuperare il telefono e andò verso la porta di ingresso. «Io esco» annunciò alla donna che la seguì con lo sguardo mentre lasciava l'appartamento con il rumore secco della porta, trattata allo stesso modo di quella della camera.

Pochi minuti più tardi la macchina di Virginia entrò nel cortile della casa del figlio. Margherita andò ad aprirle. «Nonna...» La nipote le volò fra le braccia.

«Su, su. Adesso sono qui io.»

Melissa trotterellò nella loro direzione e sollevò il musetto appuntito verso le due donne. Margherita la accarezzò e la allontanò dolcemente, mentre Virginia saliva le scale. Passando davanti alla parete tappezzata con le maschere di Enea pronunciò un'altra imprecazione in sintonia con la piega che la mattinata stava prendendo. L'entrata della donna nella camera di Marina, con le persiane ancora chiuse, profanò l'atmosfera sospesa che vi regnava. La nuora, che giaceva sotto le coperte con la testa appoggiata sul cuscino e i capelli adagiati sulla federa, si mosse appena, mentre lei andò alla finestra e la aprì, sganciò le persiane e le spalancò: il sole le inondò il viso e tutta la stanza.

Marina socchiuse gli occhi. «Ma cosa…» fu più o meno ciò che le sue labbra pronunciarono prima di mettersi seduta, realizzare quanto stesse accadendo e aggiungere «Virginia! Che ci fa qui?».

«Margherita, vai a fare del caffè» ordinò Virginia per tutta risposta alla nipote che l'aveva seguita su per le scale, timorosa. Poi, guardando la nuora, aggiunse: «Sono io che ti chiedo cosa succede. Ti lascio il tempo di alzarti, lavarti il viso e bere una tazza di caffè, poi esigo una spiegazione».

Marina, passata nella frazione di un secondo dal sonno a un risveglio a dir poco scioccante, fissò la suocera come fosse uno scarafaggio, poi tornò distesa, con le mani sul viso. «Virginia, la prego…»

«No, io non ascolto le preghiere di nessuno. Adesso scendo di sotto e ti aspetto.» La donna uscì dalla camera, fece le scale in senso contrario cercando di non guardare le tanto odiate maschere e raggiunse la nipote in cucina, rischiando di travolgere Melissa che vagava senza meta, confusa da quello strano andirivieni. «Ne ho bisogno anch'io, di caffè, tesoro. Al diavolo le raccomandazioni del dottore, quando ci vuole ci vuole. Non è mattina da tè deteinato, questa.» Melissa si dileguò in un recondito angolo della sala, rannicchiandosi a terra con il muso sulla ceramica fredda del pavimento e gli occhi spaventati.

«Nonna, ma non sei un po' dura, con la mamma?» chiese Margherita, mentre metteva la caffettiera sul fuoco.

«Voglio troppo bene a tua madre per sopportare che soffra. Sempre che tu ci abbia visto giusto, nipote mia, perché se hai esagerato, guai a te. Non ti risparmierò una bella strigliata, e tu sai che ne sono capace.»

«Non mi sono sognata il litigio, da che sono al mondo, non ho mai visto scontrarsi così mamma e papà, te lo giuro, nonna. Se hanno alzato la voce in quel modo, il motivo deve essere grave» si difese la ragazza.

Virginia si appoggiò al mobile della cucina con le mani conserte, in attesa. Fu mentre il gorgoglio della caffettiera diede una nota di allegria alla scena che Marina comparve sulla porta. La vestaglia gettata sul pigiama e gli occhi gonfi raccontavano di una persona che stava decisamente passando un brutto momento e che l'ultima cosa che volesse in quel frangente era vedere qualcuno. Margherita versò il caffè per tutte e insieme si sedettero al tavolo. Per qualche minuto la calda e benefica bevanda fu l'unica protagonista e solo dopo che fu terminata e si udì il rumore quasi unisono delle tre tazzine che venivano appoggiate ai piattini, che Marina alzò lo sguardo sulla suocera e la figlia. La donna pensò che dovessero aver esagerato, lei ed Enea, la sera prima, per scatenare una tale reazione in famiglia: Margherita era rientrata quando loro erano nel pieno della discussione, impossibile fermarsi. Sebbene avessero cercato di tenere bassi i toni delle voci, alla figlia, dall'altra stanza, doveva essere arrivato l'inferno di un litigio senza precedenti. E adesso? Che dire? Non voleva dare l'immagine della donna tradita, parlare male di Enea, vomitando cattiveria e recriminazioni. Il suo non era quel tipo di matrimonio. Era sempre stato basato sulla reciproca fiducia e se ora Enea aveva tradito quel patto lei non voleva gettare tutto al vento, davanti alla figlia e alla suocera. Quando Enea era arrivato a casa, la sera precedente, lei non aveva potuto far finta di niente, e l'aveva affrontato. Gli aveva chiesto se i suoi sospetti erano veri, lo aveva fatto con tutta la calma di cui era capace, sperando in un suo madornale errore, ma lo sguardo di lui le aveva fatto capire che ci aveva visto giusto, che il ciondolo era lo stesso e che la donna vista in commissariato era la sua amante. Ed Enea, seduto a quello stesso tavolo, le aveva raccontato tutto, dell'incontro con quella donna in ospedale a Torino e della sua frequentazione che durava ormai da qualche mese. Lei non aveva potuto trattenere le lacrime ed era corsa in camera, dove il marito l'aveva raggiunta. Lì la discussione era ripresa, i toni si erano fatti più alti. Tutto questo, Marina non voleva raccontarlo.

«Perdonaci, Margherita, per ieri sera, abbiamo esagerato. Deve essere stato terribile, per te, se hai addirittura sentito il bisogno di chiamare la nonna» cominciò prendendo un grande sospiro. «E, Virginia, davvero, non è il caso di preoccuparsi. Io ed Enea abbiamo discusso come non abbiamo mai fatto, è vero. Ma ci vogliamo bene e forse è proprio per questo che ieri sera siamo stati entrambi sinceri parlandoci chiaramente. Non mi sento di dire a voi i motivi, se permettete sono cose fra me e mio marito. E anche se per voi è un padre e un figlio, lo dovete vedere come tale e lasciare a me il giudizio in quello del marito. Se adesso vi raccontassi del perché abbiamo litigato distorcerei la realtà, ne darei un'altra sfaccettatura e io stessa ricomincerei ad alimentare la mia rabbia di ieri sera. Grazie, comunque, a tutte e due, davvero, per il vostro interessamento, ma desidero solamente rimanere sola.»

Il silenzio calò in cucina, Margherita abbracciò la madre, mentre il viso di Virginia pareva una maschera. Nell'alzarsi, qualche minuto dopo, sfiorò il braccio della nuora e la guardò dritta negli occhi. «Che Enea avesse sposato una donna in gamba, lo sapevo già. Ma oggi ne ho avuto un'ulteriore prova. Ma ricordati, se hai bisogno di me, io ci sono.» Diede un bacio a Margherita e andò alla porta: pochi secondi dopo, la BMW sgommò sulla ghiaia del cortile.

«Enea!» L'uomo sobbalzò al suono di una voce che, sebbene filtrata dal vetro del finestrino, gli giunse all'orecchio come una fucilata. Girò di scatto il viso in quella direzione: Fabio, chino su di lui, lo guardava con espressione allarmata. Si trovavano lungo una strada fuori Omegna, ai bordi del parcheggio di un supermercato, dove Enea si era fermato dopo aver guidato senza meta. Uscito di casa prestissimo dopo una notte insonne, aveva seguito la strada senza sapere dove andare. Quando si era reso conto che era ormai oltre Cannobio e ancora pochi chilometri e sarebbe stato in Svizzera, aveva fatto marcia indietro, deciso a tornare da Marina. Ma poco prima di arrivare a Omegna non aveva avuto il coraggio di arrivare fino a casa e si era fermato in quel piazzale che a poco a poco si stava riempiendo di macchine. Girò la chiave, azionò il comando di apertura del finestrino e guardò l'amico. «Cosa diavolo ci fai qui, a quest'ora? Stai male?»

Per un attimo Enea pensò di utilizzare quella scusa per non dover dare spiegazioni, ma accantonò l'idea. «Sono uscito presto di casa e ho fatto un giro.»

«Tu, che fai un giro?» Fabio passò davanti all'auto e salì di fianco a Enea. Richiusa la portiera, piantò lo sguardo negli occhi dell'amico. «Stavo passando e mi è sembrata la tua auto, anche se mi pareva impossibile. Invece ci avevo visto giusto. Allora? Cos'è successo?»

«Sono rovinato» rispose Enea togliendosi gli occhiali e passandosi le mani sugli occhi.

L'uomo confessò all'amico di avere un'amante e raccontò di come il caso avesse giocato sporco. «Quando la casualità ha portato la figlia della mia amante a venire al lago, dove la sua migliore amica è morta, non volevo crederci. Quel maledetto ciondolo l'avevo messo nell'armadio fra i vestiti, prima di darlo a Manuela, e sfortuna ha voluto che Marina vi guardasse proprio durante i pochi giorni in cui vi è rimasto. Avrei potuto negare dicendo che era uno uguale, comprarne in fretta un altro e darlo a mia moglie, ma non ce l'ho fatta a mentire. E quel che è peggio, è che io Marina l'amo ancora.»

Fabio aveva ascoltato Enea senza parlare né giudicare. Anche lui aveva fatto i suoi errori, e, fra l'altro, era stato proprio Enea che in quello più grosso della sua vita lo aveva aiutato. E questo non l'avrebbe mai dimenticato. «Che tu sia nei guai, non ci sono dubbi» disse alla fine, «ma puoi ancora recuperare. Vai da Marina e dille che lasci quella donna. Ti perdonerà.»

Enea scosse la testa. «Non ne sarei così sicuro. L'ho fatta troppo grossa, la cazzata, amico mio.»

«Senti, Enea, io devo andare in tribunale e sono in ritardo. Adesso vai a casa e parla a Marina. O preferisci andare un po' a casa mia? Magari dormi un po' e da tua moglie ci vai più tardi?»

Enea ci pensò per un attimo. «Credo che approfitterò della tua offerta: qualche ora per conto mio mi farebbe bene.»

«Bene, le chiavi sai dove le tengo. Io dovrei tornare verso le quattro. Aspettami.»

Enea ringraziò Fabio, il quale, sceso dalla macchina, salì sulla sua. Salutò dal posto di guida l'amico e partì verso Verbania. Enea, rimasto solo, si appoggiò allo schienale del sedile dove rimase per qualche secondo con gli occhi chiusi, poi si riprese e avviò il motore. Doveva richiamare sua madre: l'aveva cercato, prima, mentre guidava, ma lui non se l'era proprio sentita di rispondere. Dio non volesse che fosse a conoscenza del litigio fra lui e Marina, sennò avrebbe scatenato tuoni e fulmini.

Francesco, al lavoro, ripensava al messaggio che Sara gli aveva mandato la sera prima per augurargli la buonanotte. Dopo il primo stupore e con il cuore che gli batteva per la bella sorpresa, lui aveva risposto con un *"Come stai?"* a cui lei aveva ricambiato con un *"Sono triste. Mi piacerebbe vederti."* A Francesco non era parso vero. Aveva scoperto che Sara aveva diversi anni meno di lui e la cosa lo metteva un po' a disagio, ma era davvero bella, con quelle labbra ben modellate e il piccolo neo appena sotto il naso, meno appariscente della sua sfortunata amica, che invece lo aveva colpito per la vivacità e un carisma particolare. Sara era di quei tipi che non si notano al primo incontro, forse al secondo, quando si riesce a scalfirne la superficie. Le aveva quindi risposto con slancio che anche lui avrebbe voluto vederla, sperando in cuor suo che il motivo che l'aveva mossa a cercarlo fosse perché era rimasta colpita da lui, e non perché lui rappresentava un legame con l'amica morta, come aveva pensato subito.

Suonò il cellulare. Era Pietro. «Sai niente di mamma e papà?» le parole del fratello fecero sfumare il viso di Sara dalla mente. «Come, scusa?»

«Mi ha appena chiamato Marghe dal treno. Pare che mamma e papà ieri sera abbiano avuto un forte litigio. Oggi papà è uscito prestissimo di casa e mamma non si alzava neppure dal letto. Marghe ha chiamato la nonna.»

«Non ne so niente. Mamma l'ho vista ieri mattina, in commissariato.»

«Dove?» Pietro non era al corrente della sua convocazione da Verano.

«Ti racconterò, adesso non posso.»

«Ah sì, questa la voglia proprio sapere. Non è che ti sei messo nei guai, eh, fratello?»

«No, no, tranquillo.»

«Ok. Comunque, nostra sorella era disperata, al telefono. Ha detto che non li ha mai visti così. Questa sera alle sette ci troviamo tutti a casa. Vediamo di capire cosa è successo. E tu mi racconti tutto, eh.»

Francesco non ebbe il tempo di ribattere che Pietro aveva già riattaccato. Al ragazzo tornò in mente la reazione della madre in commissariato, quando aveva visto quella donna, la madre di Sara, che avesse a che fare con la lite dei genitori?

Quando Fabio rientrò a casa, alle cinque, trovò Enea sul divano del salotto del suo appartamento da scapolo, ben arredato e dotato di ogni comfort. Su un tavolo ad angolo un computer e mucchi di carte, oltre a faldoni impilati a terra rappresentavano il lavoro dell'uomo, che in quel periodo svolgeva da casa, avendo l'ufficio in ristrutturazione. L'amico fece per alzarsi.

«Stai comodo. Come va?» chiese riponendo le chiavi della macchina su un mobile all'entrata e rimanendo in piedi.

«Ho dormito.» Enea si rimise gli occhiali che aveva posato sul tavolino ingombro di fogli. «Adesso bisogna che vada, devo passare da mia madre e poi andare a casa. In un modo o nell'altro devo affrontare Marina.»

«Hai mangiato qualcosa? In cucina non c'era granché.»

«Non è giorno per mangiare» guardò Fabio. «Mi aspetto un processo: mia moglie, i miei figli che questa sera vengono da noi. Pietro mi ha scritto che vogliono parlarci. Mia madre, che saprà già tutto. E, dulcis in fundo, il mio amico commissario, che mi ha telefonato per dirmi che vuole parlarmi.»

«Verano? E perché mai?» si stupì Fabio.

Enea raccontò all'amico del motivo che aveva portato la moglie e il figlio in commissariato e di come, pertanto, Verano lo avesse collegato alla tragedia della ragazza morta.

«Un altro tassello che mi incastra. Sto impazzendo. C'è una forza del destino che mi sta chiudendo in una trappola mortale. Ho vissuto nella menzogna per mesi, e adesso pago tutto insieme.» Enea si alzò a fatica.

«Certo che hai avuto un bel disculo, amico mio.»

«Doveva andare così. Cercherò di rammendare quello che riesco. Con la mia famiglia, e con la polizia.»

«Con la polizia direi che non hai nulla da temere.»

«Non si sa mai come vanno queste cose.»

«Andiamo! Ehi, io sono il tuo avvocato, eh. A disposizione, chiamami in qualunque momento.»

Quando fu in macchina, Enea pensò che non sapesse se temere di più Marina, la polizia, o sua madre. Fu il primo sorriso che gli si disegnò sul viso dopo molte ore.

Mercoledì 17 novembre

Marina osservava il tavolo da ping-pong bagnato dall'umidità della notte e, oltre, il lago: sotto un cielo lattiginoso sembrava un gigante troppo pigro per svegliarsi. L'*Azalea* aveva appena lasciato il pontile di Omegna e navigava verso Orta, sospesa fra acqua e cielo. Melissa, guardandola con il musetto cupo dalla cuccia, completava il quadro che in casa Medici quella mattina era impregnato di sconforto.

Enea scese dal piano di sopra. Il silenzio fra lui e Marina pesava nell'aria come un macigno. La sera prima, con i loro figli che li guardavano inquisitori e preoccupati, Enea aveva confessato il suo tradimento sentendosi indegno del loro affetto. Nessuno aveva infierito o urlato, anche Marina aveva sopito la rabbia della notte precedente, mostrandosi solo sconfitta. Enea aveva chiesto un po' di tempo per mettere a posto le cose e se la moglie gli avesse detto di volerlo lasciare, lui avrebbe capito.

A Virginia, Enea aveva solo telefonato, la donna gli aveva inveito attraverso l'apparecchio, dicendogli di non presentarsi a casa sua finché non avesse risolto i pasticci in cui aveva cacciato moglie e figli. Lui non aveva praticamente parlato, chiudendo la chiamata con un groppo in gola.

Marina seguì alla porta il marito mentre indossava

la giacca misurando i movimenti. «Vengo con te?» gli chiese.

«No. È già abbastanza umiliante così.»

«Come vuoi.» Gli occhi erano lucidi. «Per quel che vale, sappi che non credo tu sia coinvolto nella storia della ragazza morta.»

Enea guardò intensamente la moglie. «Non lo sono, te lo giuro.»

Francesco attraversò la provinciale per raggiungere la sua auto che la sera prima aveva parcheggiato nei pressi del Monumento al gatto, troppo nervoso per abbarbicarsi fra le stradine del borgo. Dopo aver lasciato la casa dei suoi, si era fermato in cortile con Pietro al quale aveva raccontato la storia dell'incontro con Marta Giordano e poi della convocazione in commissariato causa di tanti guai per la sua famiglia. Aveva quindi guidato in una specie di trance fino a Brolo, in preda a una rabbia sorda: l'apprendere del tradimento del padre lo aveva scioccato, ma a questo si era aggiunta l'altrettanto sconvolgente scoperta che la donna rivale di sua madre era la madre di Sara. Quale mano demoniaca aveva potuto manovrare i fili della sua miserabile vita sentimentale per renderla così intricata? Non c'era nulla da aggiungere, era proprio uno sfigato. Però questa volta sarebbe andata diversamente, cosa c'entrava lui con i casini di suo padre? Se fosse piaciuto a Sara, non si sarebbe tirato indietro. Salì in macchina sbattendo la portiera.

La stretta di mano fra Enea e Mario fu decisa e cordiale. A Mario era pesato dover convocare l'amico per quel colloquio, ma l'apprendere da Marina del ciondolo, sebbene trovasse la cosa alquanto inverosimile, faceva propendere verso l'ipotesi che Enea e Manuela Brunatti si conoscessero. E questo avvicinava Enea a Marta Giordano. L'idea che l'amico avesse un legame con quella tragedia strideva nel quadro generale, ma non aveva potuto ignorare quella nota stonata.

«Enea, questa conversazione ha carattere informale, ma devi capire che nell'ambito delle indagini per la morte di Marta Giordano non posso trascurare nulla. Non ti chiedo naturalmente di raccontarmi delle tue vicende personali, a meno che tu non voglia parlarmene in qualità di amico, ma in quel caso lo faremo fuori di qui, ma devo fugare ogni dubbio. Da quello che mi ha detto Marina, tu potresti conoscere la signora Manuela Brunatti, madre di Sara, amica di Marta. È così?»

«Sì.» La risposta di Enea fu senza esitazione.

«Questo ti rende l'unica persona, che io sappia, in tutta la città che ha, anche se flebile, un legame con le persone coinvolte nella tragedia sulla quale sto investigando.» I due uomini erano soli nell'ufficio di Verano, che non aveva ritenuto di verbalizzare le dichiarazioni dell'amico – lo avrebbe fatto se fossero intervenute informazioni utili all'indagine –, e fra loro si avvertiva stima e rispetto. Fu quindi con questo spirito che Enea parlò.

«Capisco benissimo. Chiedimi quello che vuoi.»

«Hai mai incontrato Sara? O Marta?»

«Non ho mai visto né Sara né Marta. Sapevo dell'esistenza di una figlia di Manuela, ma non l'ho mai incontrata.» Enea si tolse gli occhiali e si passò le dita sugli occhi prima di cominciare a raccontare di come aveva conosciuto Manuela intraprendendo quella relazione vissuta lontano da Omegna, per finire a come il ciondolo fosse finito sotto gli occhi della moglie. «Il giorno dopo il mio compleanno sono andato da Manuela, lasciando un biglietto a Marina dove le dicevo che sarei stato a Milano per una visita di controllo. Un'altra cosa di cui mi vergogno è l'aver utilizzato i miei problemi di salute per giustificare le mie assenze da casa. E le restrizioni per il Covid mi hanno aiutato, permettendomi di andare solo. Temo che tu da oggi mi vedrai sotto una luce diversa» sospirò rimettendosi gli occhiali. «La mattina di venerdì, mentre ero ad Avigliana, Manuela ha chiamato la figlia per farle gli auguri di compleanno, ma Sara le ha detto che la sua amica Marta era scomparsa. Immaginerai cosa posso aver provato nell'apprendere che quanto stava accadendo alle due ragazze era proprio a Omegna, cosa che Manuela mi ha detto senza sapere che io vivessi proprio lì. Non gliel'ho svelato nemmeno in quel momento, e sono rimasto in attesa di vedere cosa accadesse. Per tutto il giorno è rimasta in ansia, poi, la mattina dopo, appena dopo la telefonata di Sara che le annunciava il ritrovamento del corpo di Marta, abbiamo lasciato la casa di Avigliana, salutandoci. Arrivato a Omegna, per qualche giorno sono andato solo in ospedale a Borgomanero, evitando Omegna per paura di incontrare Manuela. Il ciondolo gliel'ho dato qualche giorno fa, quando l'ho rivista dopo la tragedia.» Enea si fermò.

«Apprezzo la tua sincerità, e io non sono qui per giudicarti.» Volle confortarlo Mario che per la prima volta vedeva Enea vulnerabile, diverso dallo stimato medico che conosceva. «Tornando a Marta Giordano, tu mi confermi in modo assoluto che non hai mai incontrato né lei né Sara?» chiese riportando la conversazione al presente.

«No. Mai. Ad Avigliana eravamo solo io e Manuela. La figlia non veniva mai quando c'ero io e per quanto riguarda Marta, non sapevo nemmeno della sua esistenza.»

«Cosa hai fatto il pomeriggio del tuo compleanno?»

«Sono uscito dall'ospedale di Borgomanero intorno alle cinque e sono venuto a Omegna: dovevo andare in pasticceria a ritirare la torta e passare da mia madre. Ho lasciato la macchina verso Bagnella, per essere già vicino alla casa di Virginia. Sono andato fino in centro e sono passato in pasticceria, quella di via Mazzini. Sono tornato verso la macchina e stavo per andare da mia madre, ma, rendendomi conto di quanto fosse tardi e pensando che l'avrei vista la sera a cena, le ho telefonato. Lei mi ha detto che con ogni probabilità non sarebbe venuta al mio compleanno, aveva mal di testa. Sono tornato a casa e mi sono preparato per la cena. Il resto lo sai.»

«Quindi, se anche avessi incontrato Marta Giordano, non l'avresti riconosciuta? Non sapevi che la migliore amica della figlia della tua amante quel giorno era a Omegna?»

«No, l'ho scoperto il giorno dopo.»

«A che ora sei arrivato a casa?»

«Non prima delle sette e un quarto.»

«Sei passato davanti al Museo Rodari?»

«Sì. Ho fatto una piccola deviazione: sapevo che ne era prossima l'inaugurazione, e volevo dare un'occhiata, d'altronde era appena fuori dal mio tragitto. Mi sono fermato anche un attimo a guardare delle bancarelle, ma non avevo tempo e mi sono affrettato. Posso sapere perché me lo chiedi?»

«Non puoi, Enea, mi dispiace. Ma tu e quella ragazza

quel pomeriggio eravate a Omegna nelle stesse ore. E in tutta la città sei l'unica persona con la quale c'è, anche se piccolissimo, un legame.»

«Questo mi sconvolge. Ma, credimi, la mia sola colpa è aver tradito Marina e averle mentito su tutti i fronti, ma con Marta Giordano non c'entro niente.»

«Non ho alcun elemento per collegarti alla morte di Marta, ma sono certo che sarai disponibile per eventuali altri chiarimenti.»

«Certamente.» Enea si alzò e si congedò: l'imbarazzo rimase ad aleggiare nell'aria fino a che la porta dell'ufficio non si chiuse.

Giovedì 18 novembre

La telefonata all'ospedale di Borgomanero per verificare le dichiarazioni di Enea sui suoi spostamenti in quel fatidico pomeriggio, Verano la fece personalmente e con una leggera apprensione. Ma alla risposta dell'ufficio personale della struttura ospedaliera che, consultati i tabulati degli orari di servizio del personale di quel pomeriggio, aveva tolto ogni dubbio sulla presenza di Enea Medici in servizio fino alle sedici e quarantacinque, respirò con più sollievo. Verano si disse che se l'amico era a casa alle sette e un quarto o poco più – lui lo aveva visto un'ora più tardi, pronto per la cena – e Marta era morta in quelle ore – se non addirittura più tardi, quando a casa Medici si svolgeva la cena a cui lui stesso aveva partecipato –, non poteva aver avuto il tempo di andare a Omegna, ritirare la torta in pasticceria, incontrare la ragazza e ucciderla. A meno che la cosa non si fosse svolta in un lampo. E questo era possibile ma alquanto improbabile. E poi, perché? Dove c'è un omicidio c'è un movente. Pensò che Enea potesse aver incontrato Marta, che non era vero che non la conosceva. Oppure era vero, ed era invece la ragazza che lo aveva visto ad Avigliana senza che lui se ne accorgesse, lo aveva riconosciuto e quindi scoperto in tutta la sua menzogna. Impulsiva come pareva fosse, lo aveva minacciato di dire tutto a

Sara o cercare addirittura la sua famiglia, ipotizzando scenari di crisi familiari, e lui, pur di difendere la sua posizione, l'aveva condotta con una scusa a Bagnella e uccisa. Scacciò quell'ipotesi troppo macchinosa. E poi, lui non poteva credere a un coinvolgimento dell'amico nell'omicidio di una ragazza la cui immagine non riusciva a togliersi dalla mente! Andò in bagno a lavarsi il viso con l'acqua fredda: una delle sue abitudini per ritrovare lucidità.

Fu proprio mentre si guardava allo specchio con i capelli bagnati sulla fronte che gli balenò un elemento a cui non aveva ancora dato peso. D'impulso, decise di andare a fondo. Tornato alla scrivania, compose un altro numero.

«Buongiorno, sono il commissario Verano, la disturbo?»

«Ci sono novità?» Vittoria stava per iniziare il turno in ospedale, ma la chiamata di colui che stava cercando la verità sulla morte della figlia aveva la priorità su tutto. Appoggiò la schiena all'armadietto dello spogliatoio.

«Volevo solo chiederle una cosa che le sembrerà banale.» Il silenzio dall'altra parte dell'apparecchio lo fece continuare. «È in grado di dirmi quando Marta si era fatta quella ciocca di capelli biondi? Esattamente, intendo. Quale giorno?»

Se la donna si fosse stupita di quella strana domanda non lo avrebbe fatto trapelare. «Non saprei dirle con precisione, martedì mattina non ce l'aveva, quindi direi fra martedì pomeriggio e giovedì mattina, quando l'ho incontrata di sfuggita e gliel'ho notata e ci abbiamo scherzato» rispose.

Ringraziata la signora Marino, Verano pensò che se

Marta si era tinta di biondo quella ciocca di capelli non prima di martedì, qualcuno gli aveva mentito.

Che trovare parcheggio a Omegna di giovedì sia molto difficile, gli omegnesi lo sanno bene, e per questo nelle ore di punta evitano le vie centrali e cercano posteggi defilati. Diverso è per chi non è di Omegna e arriva nella cittadina la mattina di quel giorno della settimana: si trova imbottigliato nel traffico e comincia a vagare in cerca di un posto dove lasciare la propria auto.

Luca tamburellava nervoso le mani sul volante della Polo_Aveva cercato di raggiungere il lungolago, ma non aveva potuto accedervi, occupato dalla fila dei banchi del mercato, così era salito per la strada che portava ai paesi della sponda occidentale del lago. Imprecò, cercando uno spiazzo per girare, doveva essere piuttosto comodo perché la sua condizioni di neopatentato non gli dava quell'assoluta sicurezza di manovra che si raggiunge con l'esperienza della guida, ma i tornanti salivano subito e stava ormai raggiungendo Brolo. All'insegna di un circolo che riproduceva un gatto stilizzato, virò a sinistra e si apprestò a tornare indietro. Il cellulare vibrò sul sedile proprio mentre stava per immettersi di nuovo sulla provinciale. Guardò il display: era un numero fisso e il prefisso diverso da quello di Torino. Le sopracciglia si alzarono nervosamente e lui decise di non rispondere. Dopo qualche minuto, era di nuovo all'imbocco di Omegna e parcheggiò nelle vie interne della zona del porto, alla fine delle bancarelle del mercato. Sapeva di essere lontano dal centro, ma non aveva né fretta né una meta precisa. Chiuse la portiera e si guardò intorno. Aveva guidato senza pausa da Torino e sentiva il bisogno di urinare. Si diresse al lago. La giornata era bella e l'atmosfera, molto diversa da quella che si vive in città, portava alla tranquillità, ora che si era fuori dalla congestione del mercato.

Si rese improvvisamente conto che non era lontano dallo spicchio di prato dove era stato rinvenuto il corpo di Marta. Si guardò intorno e scese il declivio, scivolando sulle foglie umide. Calpestò un residuo della striscia di plastica utilizzata in quel tragico frangente per delimitare l'area e quel particolare gli fece accapponare la pelle. Percorse qualche metro e liberò la vescica guardando il lago con occhi che gli si riempirono di lacrime.

L'ispettore Antonio Merola non era di servizio, quel giorno. Greta doveva fare una visita all'ospedale di Verbania e lui aveva chiesto un permesso. Fermo in una lunga coda che l'intermittenza del semaforo obbligava a un lento e stizzoso procedere, si guardava intorno. Dopo l'ennesima frenata, sospirò impaziente.

«Faremo tardi» disse preoccupata Greta toccandosi il ventre tondo.

«Stai tranquilla, abbiamo tutto il tempo» la rincuorò, guardandola. Ma nel girare lo sguardo, qualcosa colpì la sua attenzione.

Il ragazzo camminava su ponte sopra il canale Nigoglia, piano, sembrava non avere meta. Alto, muscoloso, i jeans strappati e le mani nella tasca della giacca, il tatuaggio sul collo reso evidente dal pullover scollato. Procedeva con quell'atteggiamento tipico dell'età, di chi ha il mondo in mano ma non sa ancora che farsene, incerto se averne paura o prendere la rincorsa per cambiarlo, in quella terra di mezzo in cui nulla è ancora deciso e non

si sa ancora quale maschera indossare, quali ruoli interpretare. Ma, consapevoli di avere molto tempo davanti, si
procede senza scaldarsi troppo. Merola lo riconobbe subito in uno degli amici di Marta Giordano, quello più spa-
ventato. Afferrò il cellulare e fece il numero di Tosi. Giulia
rispose al secondo squillo. «Buongiorno, ispettore.»

«Giulia, ho appena visto l'amico di Marta Giordano,
uno di quelli che erano in commissariato. Sta camminando per Omegna.» Di colpo si sentì stupido: cosa c'era
di strano? Era un ragazzo libero e poteva benissimo essere venuto a Omegna per i fatti suoi, magari per ricordare Marta.

«Dove si trova?» il cambio di tono della collega gli fece
capire di non aver sbagliato, ad avvisare in commissariato.

«Al semaforo, sono fermo.»

«Lo tenga d'occhio. Avviso il commissario e arrivia-
mo.»

Quando un agente raggiunse Luca, il ragazzo si lasciò
condurre in commissariato, docile. Non c'erano estremi
per fermarlo, nulla che fosse contro di lui, e questo Verano lo sapeva, ma Giulia, che era insieme al collega, gli
disse che il commissario voleva solo fargli un paio di
domande.

«Grazie, ispettore. Adesso ci pensiamo noi» disse al
collega, che risalì in macchina alla volta di Verbania.
Non osò chiedere nulla sulla donna in avanzato stato di
gravidanza seduta in auto.

Luca fu condotto nell'ufficio di Verano «Come mai sei
a Omegna?» gli chiese il commissario. Giulia e l'agente
Ricci erano nella stanza, in disparte.

Il ragazzo lo guardò, il tic che ormai lo contraddistingueva non gli dava pace. «Non lo so» rispose scrollando le spalle.

«Pensi sempre a Marta?»

Gli occhi del ragazzo si velarono di lacrime mentre annuiva con la testa.

«Ti abbiamo cercato, un'ora fa, perché non hai risposto al telefono?»

«Eravate voi? Stavo guidando.»

«Va bene, ascolta. C'è una cosa che voglio chiederti, ed è il motivo per cui ti avevo fatto chiamare. Pensaci bene, prima di rispondere» voleva avere la completa attenzione. «Voglio la verità, d'accordo?»

Luca si passò la manica della giacca sugli occhi.

«Quando è stata l'ultima volta che hai visto Marta?»

«Gliel'ho detto, lunedì sera, a Torino.»

«Marta aveva una ciocca bionda?»

«Sì, le ho detto anche quello. Non mi piaceva.»

«Luca, quella ciocca Marta se l'è fatta dopo. Lunedì non ce l'aveva. Me l'ha detto sua madre.» La pausa che lasciò Verano servì a catturare la completa attenzione del ragazzo. «Allora? Adesso me la dici, la verità?»

«Marta l'ho vista giovedì, a Omegna» confessò abbassando lo sguardo sulle mani, il tic agli occhi ebbe un'impennata.

«E tu, cosa ci facevi quel giorno, qui al lago?»

«Sapevo che lei e Sara ci sarebbero venute per un paio di giorni. Marta se l'era lasciato scappare durante il nostro incontro di lunedì, dicendomi che voleva organizzare qualcosa di speciale per il compleanno di Sara.»

«Dove vi siete visti?»

«L'ho vista che camminava per Omegna, sul lungolago, l'ho seguita, tenendomi ben lontano ma ho potuto notare lo stesso la ciocca di capelli tinti. Non sapevo cosa fare. A un certo punto l'ho vista rivolgersi a un ragazzo e ho cambiato direzione. Ho vagato per un po', mi sono fermato a bere una birra in un bar. Poi sono tornato alla macchina, pensando che se il destino avesse voluto farmela incontrare lo avrebbe fatto. Ma non è stato così e sono arrivato all'auto senza vederla. Sono tornato a Torino.»

«Dove avevi parcheggiato?»

«In centro, dove c'è una costruzione strana, colorata, l'ho vista anche oggi, non deve essere lontana da qui.»

Verano capì che Luca stava parlando del Forum, vecchia struttura industriale ora adibita a centro museale e arricchita con il Parco della fantasia, con le installazioni raffiguranti allegri arcobaleni e un cono rovesciato a copertura di un piccolo anfiteatro. Era infatti poco distante dal commissariato. «Mi dici la verità, Luca?»

«Glielo giuro.» Adesso Luca guardava il commissario in viso. Sembrava sincero. Verano si alzò e lasciò il ragazzo con Giulia e l'altro agente, uscì senza dire una parola.

Al suo rientro si sedette di fronte a Luca e lo guardò a lungo, prima di parlare. Il ragazzo teneva lo sguardo basso. «Luca, non ti posso accusare della morte di Marta, ma sappi che la tua presenza a Omegna quel pomeriggio ti mette in una posizione delicata. Adesso torna a casa, ma resta a disposizione. Hai capito? Non peggiorare le cose.»

Un cenno della testa e un «Va bene» detto sottovoce costituirono il saluto di Luca che Giulia accompagnò alla porta.

Non appena il ragazzo fu fuori dall'ufficio, Verano si prese del tempo per pensare a quanto emerso. Luca non aveva l'aria di un assassino, solo di un ragazzo deluso per un sentimento non corrisposto che la sua insicurezza gli faceva ingigantire. Doveva essere lui che Marta aveva visto mentre parlava con Francesco, sul lungolago di Omegna, e, contrariata che il ragazzo l'avesse seguita fino lì, e non volendolo incontrare, doveva aver fatto in modo di non esporsi, raggiungendo il museo camminando velocemente. E se Luca era sincero, c'era riuscita, e così le strade dei due non si erano più incrociate.

Ammesso che le cose fossero andate così.

A Torino, Manuela attendeva Enea su una panchina davanti a Palazzo Carignano. La stoffa bordeaux del cappotto, stretta in vita e morbida sulle gambe, le modellava le forme del corpo e le faceva risaltare l'incarnato. I capelli le ricadevano sulle spalle e il ciondolo spiccava sulla pelle lasciata scoperta dai bottoni aperti. Ciondolo che quell'uomo le aveva regalato scatenando quella reazione effetto domino che stava provocando la fine del loro rapporto. Questo almeno era ciò che Enea le aveva raccontato al telefono, chiedendo di vederla. Sull'esito di quell'incontro lei non aveva alcun dubbio: era un addio. Lo vide sopraggiungere dal fondo della piazza, elegante nel completo scuro e giaccone aperto, la barba curata e gli occhiali sottili, e provò una stretta al cuore. Quando fu alla sua altezza si alzò per dargli un leggero bacio sulla guancia.

«Come stai?» le chiese l'uomo.

«Non bene.» Adesso erano seduti l'uno di fianco all'altra.

«Manuela, io…» fissò il piccolo neo che la donna aveva al centro della guancia destra.

«Non abbiamo molto da dirci, Enea» sospirò. «E pensare che il giorno che sono tornata a Omegna con Marta e sua madre, dove tua moglie mi ha vista, avevo detto di noi a Sara, forse sperando in una svolta nella nostra storia. Ma ancora non sapevo che era già accaduto l'irreparabile.»

Enea non trovava le parole per dar corpo ai suoi pensieri, divisi fra la decisione inevitabile che aveva preso di lasciare Manuela e i sentimenti ancora forti che provava per lei. Le coprì le mani con le sue e la guardò. «Sapevamo entrambi che non c'era futuro, per noi. Ma non credevo che il destino avesse in serbo un epilogo così drammatico, e io non posso più mentire a mia moglie e alla mia famiglia. Mi sono impegnato anche di fronte ai miei figli. Mi dispiace.»

«Comunque, la nostra storia sbiadisce di fronte alla morte dell'amica di mia figlia, quello che è successo è una tragedia, Sara è distrutta e io mi sento come svuotata. Prego ogni giorno che venga trovato il responsabile.»

«A Omegna sono rimasti tutti impressionati.»

«Non riesco ancora a capacitarmi del fatto che tutto sia accaduto proprio dove vivi tu. Ma, perché il giorno in cui eri con me ad Avigliana e hai sentito la telefonata con mia figlia che mi diceva della scomparsa della sua amica, non mi hai detto che vivevi a Omegna?»

«Non lo so, Manuela. Malgrado sia rimasto a dir poco scioccato nell'apprendere che tua figlia e la sua amica fossero a Omegna, qualcosa mi ha impedito di dirtelo. Un riserbo istintivo, certo che tutto si sarebbe risolto nel migliore dei modi. Pensavo che finché fossimo riusciti a tenere lontano da noi tutto il resto, avremo potuto continuare la nostra storia. Poi, quando il sabato mattina tua figlia ti ha telefonato per avvisarti del ritrovamento del corpo di Marta, non ce l'ho più fatta a dirti la verità.»

«Forse hai avuto ragione tu.»

«E adesso, cosa farai?»

«Starò vicino a Sara, accantonerò la mia felicità per il bene di mia figlia.»

«Troverai qualcuno che saprà renderti ancora felice.» Enea diede un leggero bacio sulla mano di Manuela.

«Lo avevo già trovato, e una morte sul lago me lo ha strappato.»

Quel giorno, Verano non andò a casa durante la pausa pranzo, Ada era andata a Milano per gli ultimi preparativi del battesimo dei gemellini, in programma per il sabato successivo, e lui decise di fare due passi. La mattinata era stata piena di avvenimenti e voleva spazzare la mente dalle congetture delle ultime ore. Camminò fino in centro. Era già l'una e i banchi del mercato erano in smobilitazione. A breve, il servizio di nettezza urbana sarebbe passato per rimuovere le cassette vuote ammucchiate a terra. All'altezza del municipio salì per la stretta via che conduceva al Museo Rodari. Percorse il breve tratto – le parole che evocavano le favole dello scrittore sopra la testa – e si trovò l'entrata sulla destra, dove la matita bicolore era riprodotta sulla targa, insieme agli orari di apertura. Lo guardò come farebbe un turista. Sotto, contro il muro tinteggiato di fresco, era posizionato un piedistallo con un ripiano sul quale un cestino contenente le cartoline con lo stesso disegno su sfondo giallo, rendeva disponibile a chiunque quel piccolo ricordo del museo. Mario non poté fare a meno di pensare che si trattava dello stesso cartoncino pubblicitario che aveva preso Marta.

Lo sbattere di un portone lo fece trasalire e si girò appena in tempo per vedere Fabio che usciva da una delle case di fronte al museo. L'uomo, andatura decisa e impegnato in una conversazione telefonica, una borsa di pelle resa gonfia dal voluminoso contenuto sotto un braccio, non si accorse di lui. Lo seguì con lo sguardo mentre camminava spedito, e quando lo vide svoltare in fondo alla via tornò verso il municipio. Da lì, anziché tornare in commissariato, decise di camminare ancora un po' e si diresse verso Bagnella.

Non arrivò al prato dove era stata trovata Marta, si fermò prima, al chiosco del porto, dove prese un tramezzino e lo consumò guardando i pontili ai quali erano attraccate molte imbarcazioni. Ricordò quando Giacomo Medici aveva detto la sera della cena con Virginia, sull'abitudine di molti omegnesi e turisti di praticare quel passatempo, soprattutto in estate. Focalizzando i movimenti dell'ultimo giorno di vita della ragazza, questi portavano a Bagnella, dove era stata trovata. La sua morte portava all'acqua: l'arma del delitto era un oggetto piatto, di legno. Poteva essere un remo, come avevano ipotizzato. Alle molte congetture che quel giorno Verano si stava facendo nella mente, si aggiunse quella di collegare il porto alle indagini.

Valeva la pena di fare qualche ricerca in proposito.

Enea rispose alla telefonata del commissario che era ancora in auto, di ritorno da Torino. A lui chiese i contatti del fratello e di Fabio, che risposero, il primo mentre

174

parlava con un assicurato insoddisfatto del rimborso riconosciutogli per i danni subiti alla sua auto a seguito di un tamponamento e il secondo mentre guidava verso Milano. Enea e Giacomo si resero disponibili a recarsi in commissariato la mattina successiva, mentre Fabio, che sarebbe stato fuori Omegna fino alla domenica, chiese se potesse rimandare a lunedì.

Venerdì 19 novembre

L'approssimarsi del fine settimana portò il primo, considerevole, peggioramento del tempo sul lago e Omegna si velò di una sottile coltre d'acqua che scoloriva i contorni delle cose e mescolava i colori della tavolozza che l'autunno aveva composto. Le maschere degli abitanti vagavano di malumore sotto ombrelli fradici o dietro finestre striate di pioggia.

«Vi ho chiesto di venire in commissariato perché ho ripensato a una cosa che è stata detta la sera della cena alla quale vostra madre mi ha invitato.» Gli sguardi di Enea e Giacomo Medici tradivano un certo nervosismo: non fa mai piacere essere convocati in un commissariato. Per Enea, poi, era già la seconda volta in pochi giorni. «In quella circostanza è stato detto che entrambi possedete una barca al porto di Bagnella.»

Due capi fecero cenni affermativi.

«Sapete dirmi se i proprietari dei natanti sono di Omegna o di fuori?»

«Tanti sono della zona, ma ci sono anche persone che, possedendo un motoscafo o un'imbarcazione a vela, pagano l'attracco per poter venire sul lago quando la stagione lo permette» rispose Giacomo.

«Da voi vorrei sapere se fra questi ci siano stati degli strani comportamenti, qualcuno che si sia fatto notare. È una richiesta molto vaga, la mia, me ne rendo conto, ma come sapete stiamo cercando di venire a capo della vicenda della morte di Marta Giordano, la ragazza uccisa quasi un mese fa.» Verano osservò Giacomo, per capire se fosse al corrente del coinvolgimento di Enea nella vicenda, ma questi non lo diede a vedere.

A nessuno dei due dovette venire in mente nulla di rilevante, perché tacquero.

«Se ricordo bene, è lei, Giacomo, che più di Enea usa la barca per navigare sul lago.»

«Sì. Io ed Elena spesso passiamo i fine settimana d'estate in giro per il lago.»

«E anche suo figlio, esce in acqua, lo diceva Fabio, mi pare, proprio quella sera, che lo ha visto spesso.»

«Andrea ha il permesso di usare la nostra barca quando vuole» esclamò Giacomo.

«Invece tu, Enea, dicevi che Pietro e Francesco amano andare con la barca sulla riva opposta per fare immersioni.»

«Sì.»

Verano guardava i due fratelli, dai quali non riusciva ad avere rivelazioni degne di nota. Non che si aspettasse di scoprire grandi cose, ma sperava di avere qualche informazione in più sulla panoramica dei fruitori del lago. La possibilità che Marta potesse essere caduta da una barca era plausibile, soprattutto se vista nella prospettiva di un remo come arma del delitto.

«Quando è stata l'ultima volta che avete usato la vostra barca?»

«Alla fine di settembre, e da allora non ci sono più andato» rispose Giacomo.

Enea rispose che quell'estate non aveva mai usato il

suo motoscafo, l'avevano invece presa diverse volte i suoi figli.

«Commissario, le ricordo che anche Fabio possiede una barca attraccata al porto di Bagnella» disse Giacomo.

«Ne sono al corrente. Un'ultima domanda, sulle vostre imbarcazioni, avete dei remi? Voglio dire, sebbene siano a motore, immagino.»

«Sì. Certamente» rispose Enea, al quale fece eco il fratello.

Congedati i due uomini, Verano, piantina del porto di Bagnella alla mano, localizzò le due barche i cui proprietari un'ora prima erano seduti davanti alla sua scrivania, e quella di Fabio. Più tardi, prima di andare a casa, fece il giro di Bagnella e andò a dare un'occhiata ai pontili lungo i quali erano ormeggiate le tre imbarcazioni.

Appena a casa dal commissariato, Enea andò in cucina dove trovò Marina e Francesco che parlavano. Il figlio dichiarò di essere passato, di ritorno da un cliente, per vedere come stessero, ma doveva correre in ufficio sennò chi lo sentiva, il capo. Rimase ad ascoltare il padre che raccontava il motivo della convocazione in commissariato e poi scappò via.

Enea salì nel suo studio di pittore sotto lo sguardo sconsolato di Melissa e si sedette davanti una tela dipinta per metà. Pensò che dovesse trovare il coraggio di riprendere con la moglie la spinosa discussione ancora aperta fra di loro e dirle che aveva lasciato Manuela. L'inconsueta visita del figlio tradiva l'ansia che provava per il senso di sospensione che gravava su tutti loro da quando era scoppiata la bomba del suo tradimento.

Suonò il cellulare: era Giacomo, agitato. Come doveva interpretare il colloquio con il commissario? Possedere un'imbarcazione non era mica un reato! Certo che no, gli aveva risposto Enea esaminando le pennellate di un sole che non aveva l'aria di riscaldare, piuttosto di gettare raggi come lame di ghiaccio verso prati invernali. Dei fatti che in quegli ultimi tempi avevano travolto la sua famiglia, non aveva fatto parola con il fratello e non aveva alcuna voglia di farlo: sperava che la crisi si risolvesse senza divulgare nulla oltre le mura familiari. Con la madre, aveva rispettato la richiesta di non farsi vedere, la conosceva troppo bene per sapere che se si fosse presentato da Virginia, l'anziana donna non avrebbe esitato a buttarlo fuori di casa. Terminò la telefonata e andò alla finestra, inquieto. Melissa, in giardino a espletare i propri bisogni, le orecchie basse a schivare la pioggia sottile, corse veloce verso casa. Poco dopo gli giunse la voce di Marina che dal piano di sotto parlava al meticcio. Un altro squillo del cellulare fece guardare di nuovo il display dell'apparecchio, sul quale apparve il nome di Fabio.

Quando l'ispettore Merola bussò alla porta di Verano, il commissario rispose con un «Avanti» e, guardando in viso il suo sottoposto, gli chiese cosa avesse: il pallore di Antonio era quello di chi sta per cadere a terra svenuto.

«Dottore, io… ho bisogno di qualche giorno di permesso.» La voce era bassa e l'uomo appariva decisamente in difficoltà a dover fare quella richiesta. «So di essere qui da poco e mi spiace veramente, ma Greta non sta molto bene, deve stare a letto, si teme un parto prematuro. Almeno per un paio di giorni vorrei starle vicino, in attesa di trovare qualcuno. Non conosciamo nessuno a Omegna e mia sorella esce da un periodo molto difficile, non posso lasciarla sola.»

«Sua sorella? Non è qui con sua moglie?» Verano guardava l'uomo davanti a lui in preda all'ansia. La dottoressa De Angelis gli aveva detto che non era stato fortunato. Chissà cosa era capitato al suo nuovo collega.

«Sì, Greta è mia sorella. Io non sono sposato.»

«Ero convinto fosse prossimo a diventare papà.» Mario non riuscì a mascherare lo stupore.

«Mio cognato è scomparso e non potrà veder nascere suo figlio, io e Greta abbiamo lasciato il nostro paese, dove abbiamo solo brutti ricordi.»

«Mi dispiace tantissimo.» Verano si trattenne dal chiedere oltre. «Ormai siamo al fine settimana, ci vediamo lunedì. In merito all'omicidio di Marta Giordano, sto sondando la via del porto, volevo infatti parlargliene. Se l'arma del delitto è un remo, Marta può essere stata uccisa in prossimità di una barca.»

«Sì, è possibile, commissario. Ottima intuizione.»

Verano ricordò all'improvviso qualcosa che riguardava l'ispettore Antonio Merola che in quel momento poteva tornargli molto utile. «Antonio, sa che può tornarmi utile, a casa?»

Francesco decise che era meglio uscire un po'. Era troppo tempo che passava le serate sul divano a smanettare con il telecomando. Telefonò a un amico e si trovarono a Omegna a bere qualcosa.

Sulla porta del locale incrociò Viola che usciva. «Pietro mi ha detto che sei andato in commissariato» lo apostrofò. «Quindi sono riuscita a convincerti, alla fine.»

«Sì. Ho fatto come mi hai detto tu.»

«Il commissario? Che ti ha detto?»

«Sono stato utile, almeno alla madre della ragazza. E anche all'amica, che mi chiesto il cellulare e non passa giorno che non mi chiami o non mi mandi messaggi» rispose il ragazzo, eludendo alla domanda di Viola.

«È comprensibile: tu sei una delle ultime persone che hanno parlato con la sua amica uccisa. Ti ricorderà per sempre lei.»

«Sì. L'ho pensato subito anch'io. Però ho la sensazione di piacerle.»

«Oh, sì, possibile.»

«Certo che è possibile, me lo hai detto anche tu, quando mi hai dato il benservito, che sono in gamba e mi sarei trovato una ragazza. Adesso che forse l'ho trovata, ti stupisci?» Perché le donne devono sempre essere così cervellotiche?

«Primo, io non ti ho dato il benservito, visto che noi due non siamo mai stati una coppia. E secondo, non ho voluto insinuare nulla. E, terzo e ultimo, sono felice per te. Buona serata.»

Francesco rimase in piedi sulla porta a ingoiare rabbia. Sentì che il suo umore era già rovinato e improvvisamente desiderò tornarsene a casa. Ma fece uno sforzo su di sé e raggiunse l'amico che nel frattempo aveva trovato un tavolo e lo chiamava sbracciandosi. Un sms gli vibrò nella tasca.

"Che fai di bello?" era Sara.

Sabato 20 novembre

Verano, in viaggio verso Milano per il battesimo dei gemellini, guardava la strada pensando che il giorno successivo sarebbe stato un mese dalla morte di Marta Giordano. Trenta giorni di dubbi, ricerche, ipotesi, che però non l'avevano ancora portato a mantenere la promessa fatta alla madre di dare un nome all'assassino.

In quel mese aveva scoperto che anche nella tranquillità provinciale di Omegna, La *Città di Gianni Rodari*, come recitavano grosse lettere poste in un'aiuola all'entrata della cittadina, il delitto poteva trovare terreno fertile. E, chissà, se fosse stato in vita, il famoso scrittore, più di chiunque altro, avrebbe potuto scriverci una storia, fatta di menzogne in rima, di maschere grottesche che nascondono la verità, che la rimescolano. E forse quella storia sarebbe stata rappresentata insieme alle altre nel museo a lui dedicato. Ma non era una storia, quella che Omegna viveva da un mese, e le maschere che la rappresentavano non erano che quelle di burattini si muovevano fra lago e montagna, la cui bellezza non aveva impedito che si consumasse il peggiore dei crimini, cercando di uscire da quel pantano.

Quel giorno però il commissario doveva solo essere il più premuroso dei mariti, padri e nonni del mondo. Al suo fianco, Ada gli mostrava il profilo assorto. Lui sorrise alla moglie e, staccata la mano dal cambio, gliela pose per qualche secondo sulla sua. «Sarà una bellissima festa.»

Margherita non aveva programmato, quella visita. Era uscita di casa di cattivo umore, la mail del professore che le imponeva di rivedere gran parte del lavoro alla tesi che aveva fatto fino a quel momento l'aveva scoraggiata. Dopo aver parcheggiato l'auto sotto le piante del lungolago, si era seduta su una panchina pensando a come sconfiggere la frustrazione. Avrebbe potuto andare dalla nonna, ma era ancora tropo presto, non voleva disturbarla, e non voleva vedere nessun altro, nemmeno l'amica. Si era avviata verso il centro, decisa a entrare in un bar a bere un caffè. Passando davanti al municipio si era imbattuta in una frotta di ragazzini che, capitanati da due donne poste come guardiani del faro all'inizio e alla fine della vociferante processione, si dirigevano, nasi in alto a leggere la filastrocca sui bambini di tutto il mondo evocata dalle grandi lettere appese sopra la strada, al nuovo museo di cui aveva tanto sentito parlare. Aveva quindi deciso d'impulso e pochi minuti dopo era alla biglietteria.

«Se non la disturba entrare insieme alla scolaresca, può fare la visita guidata» le disse una donna magra con gli occhiali dalle lenti rotonde, da dietro i quali la guardava con occhi vivaci. «Probabilmente faranno un po' di chiasso» aggiunse con un sorriso, «ma oggi è tutto prenotato, e questo è l'unico modo per entrare, è sola e nessuno farà caso a una persona in più.»

Margherita accettò e pagò l'entrata. Le fu consegnato il biglietto: una cartolina gialla con il logo del museo:

«La matita bicolore del maestro, con il rosso per gli errori, che diventa *Scettro dell'errore creativo*, come Rodari racconta nella *Grammatica della fantasia*» le spiegò orgogliosa la donna. «Aspetti che arrivo.»

In attesa fra i bambini che, naso in alto come in strada, cominciavano a guardare in ogni direzione, Margherita si sentì come Alice che, caduta fra le radici dell'albero e precipitata nelle viscere della terra, si era trovata in un mondo fantastico. Entrata idealmente in una città in miniatura, con degli archi che evocavano le colonne del palazzo del municipio di Omegna, vi passò sotto per trovarsi di fronte a una specie di acquario proiettato sul muro. Matite multicolori nuotavano sulla parete per andare a formare la frase che recitava: *"La nigoia la va' in su' e la legg la fouma nu"*, che rimarcava l'orgoglio degli omegnesi per essere la patria di una tale diversità, con l'emissario del lago diretto a nord, diversamente dagli altri laghi del Nord Italia.

«Bambini, si comincia!» La donna era arrivata alle loro spalle e, sorridendo, li aveva esortati a cominciare quel viaggio nella fantasia rodariana, con la sua carrellata di curiosità: il profilo stilizzato del lago che rimandava alle storie dell'autore legate ai suoi ricordi d'infanzia (Margherita lesse: *"Pescatore della Nigoglia, di pesci avevi tanta voglia, ma hai pescato una morta foglia"* che si era illuminato alla voce *"Nigoglia"*); proiezioni sul muro che evocavano i punti salienti della vita dell'autore, arricchiti da interviste e lezioni; dorsi di libri che rimandavano a filastrocche; una cucina proiettata sul muro, le cui manopole accendevano i richiami alle eccellenze omegnesi del casalingo (la famosa *moka* con "l'omino con i baffi" in onore del suo ideatore, la pentola a pressione, il design

184

elegante della ditta dove Margherita ricordò avesse lavorato sua nonna, la riproduzione in scala ridotta e in altro materiale di quegli stessi elementi a corredo dei giochi dei bambini ideati da un'altra fabbrica: tutto questo era espatriato dalla piccola città per stupire il mondo intero); telefoni d'altri tempi, attraverso i quali, componendo un numero, si potevano ascoltare le *Favole al telefono* (al numero 0055 ascoltò *La strada che non andava in nessun posto*). Ai bambini era sconosciuto il funzionamento della rotella dell'apparecchio e, abituati ad azionare telefoni e computer con un solo tocco, risero a quella stranezza di infilare un dito in un buco in corrispondenza del numero desiderato e far ruotare il cerchio di plastica fino al capolinea; il *Binomio elettrico* che formava storie unendo idealmente due parole dal significato molto diverso (la ragazza fece comporre all'intelligenza del computer una favola con *"rosmarino"* e *"bicicletta"*); *Ad inventar storie* sul quale i bambini si attardarono, alternandosi a formare favole utilizzando i vari elementi possibili, dallo sfondo ai personaggi, dai mezzo di trasporto agli oggetti magici. Margherita rimase volutamente indietro, e con un po' di imbarazzo inventò la sua personale storia, con il Barone Lamberto che andava su un cavallo a dondolo in una città dove piovono confetti e un'enorme torta in cielo.

«Non abbia vergogna, qui anche gli adulti si divertono» le disse la donna che stava facendo da guida che, arrivatale alle spalle, aveva notato la remora con cui Margherita aveva sfiorato i comandi illuminati sulla parete.

La ragazza si girò, vergognosa per essere stata sorpresa, ma al sorriso dell'altra, ricambiò lo sguardo complice e continuò il gioco ancora per qualche minuto.

Fu all'ultimo gioco della fantastica mostra, con le rotatorie che, comandate da una manovella, facevano sfilare frasi proiettandole su uno specchio posto sul muro, permettendo in tal modo di leggere da una diversa e opposta prospettiva, che Margherita pensò che il segreto stesse nel vedere le cose, e forse la vita stessa, sotto un altro punto di vista. Rifletté che forse avrebbe dovuto farlo anche lei.

Quando uscì e riemerse nella realtà si sentì più serena. Chiamò la nonna per un saluto, ma l'anziana donna non rispose.

Sara e sua madre uscirono dalla multisala togliendosi le mascherine dai visi. Si avviarono lentamente verso casa senza fare commenti sul film.

La ragazza guardò il cellulare che aveva silenziato durante lo spettacolo e si accorse che Luca l'aveva cercata due volte.

L'ultima volta che lo aveva sentito le aveva raccontato dell'escursione a Omegna che era servita solo a essere convocato in commissariato dove aveva dovuto confessare che il giorno della morte di Marta era a Omegna; aveva seguito la ragazza senza farsi vedere, per poi tornare a Torino senza aver combinato niente. Lei gli aveva dato dello stupido. Gli mandò un sms: *"Ti chiamo più tardi"*. La risposta del ragazzo fu immediata: *"Ok"*. Seguito da uno smile. Sembrava che Luca si stesse avvicinando a lei non solo per la crisi che stava vivendo per la morte di Marta: cominciava a piacergli, ne era certa. Sembrava che, uscita di scena l'amica, il ragazzo che non l'aveva mai considerata più di un'amica si stesse accorgendo di lei.

«Ti va, se andiamo nella casa di Avigliana per qualche giorno?» le chiese sua madre.

«Non so. Dovrei pensare seriamente alle lezioni in università.»

«Ci farebbe bene stare via un po'. Non ne hai voglia?»

«Senti, mamma, mi dispiace che anche per te stia andando tutto a rotoli, davvero. Ma mi devi lasciare respirare. È tutto così difficile!» Sara, non riuscendo più a trattenersi e vinta dall'ansia, si era lasciata andare in quello sfogo di rabbia. Quando aveva appreso dalla madre che lei ed Enea si erano lasciati ne era stata sinceramente dispiaciuta, ma la cosa più imprevedibile era stata il realizzare che l'amante di sua madre e il padre di Francesco erano la stessa persona! Questo però non l'avrebbe fermata nelle sue intenzioni di rivederlo. Dopo aver parlato a lungo con il ragazzo, quel pomeriggio, mentre correva nel parco del Valentino, aveva deciso di fargli una sorpresa, presentandosi al lago. Non le aveva detto che abitava in un paese poco lontano, dove i gatti facevano da padroni? Ci avevano anche scherzato. Avrebbe guardato come poterlo raggiungere.

«Scusa, mamma, è che sono così nervosa» disse sinceramente pentita alla madre.

«Hai ragione, è tutto così difficile.»

Domenica 21 novembre
(Un mese dalla morte di Marta)

Il porto di Bagnella, sull'acqua mossa da un vento rabbioso, era sotto l'occhio vigile di Antonio. Dietro la finestra sul balcone della sala, al quarto piano di uno dei condomini prospicienti l'area del porticciolo, l'ispettore aveva trascorso molte ore a partire dal venerdì sera, ligio alle istruzioni dategli dal commissario che gli aveva detto: «Sorvegli i pontili». Si era quindi diviso fra la vicinanza a Greta che, saperlo a casa le dava tranquillità, e quella silenziosa vedetta sulla quale Verano aveva fatto affidamento «Io il sasso nello stagno l'ho gettato, vediamo se qualche pesce sale a galla...» aveva aggiunto con un sospiro. In quelle ore, Antonio si era ritrovato a pensare che il suo arrivo a Omegna, un mese prima, aveva coinciso con il ritrovamento del corpo di quella ragazza della cui morte il suo superiore non si dava pace. Era stato davvero un triste esordio, il suo. Ma in commissariato si respirava aria familiare, con Verano a capo di quella squadra affiatata, e lui ci stava bene. E poi, era contento per sua sorella che, per quanto possibile, gli sembrava più serena. La tragedia che l'aveva colpita, con la morte improvvisa del padre del nascituro, orfano ancora prima di venire al mondo, lo aveva fatto temere che non ce l'avrebbe fatta, ad affrontare la gravidanza che al momento dell'incidente era solo all'inizio. Ma poi, la decisione di lasciare il paese insieme, naufraghi in cerca di un porto senza ricordi, il suo trasferimento che aveva ottenuto facilmente, ed eccoli a Omegna, pronti per una nuova vita.

Consultò l'orologio: le cinque del mattino. Il lago aveva la collera del mare: i pontili erano scossi da sferzate del vento e con essi le imbarcazioni, legate lungo le assi di legno, ondeggiavano inquiete. Gli alberi più alti delle vele non avevano pace e i teloni di copertura delle barche si gonfiavano: qualcuna, liberata dai ganci che avevano ceduto al vento, sbatteva come un uccello impegnato in un volo disperato. Solo un paio di uomini si erano avvicinato alle barche, in quei due giorni, presumibilmente a controllare le loro imbarcazioni: lui aveva preso nota dell'ora, della barca che avevano guardato, oltre che di una loro sommaria descrizione.

La figura sul pontile centrale apparve all'improvviso tanto il suo passaggio lungo la striscia di legno era veloce. Ma quando questa passò nel cono di luce del lampione a servizio del porto, Antonio la vide distintamente. Così come la vide raggiungere senza esitazione una delle barche. Si alzò d'impulso.

Non prese l'ascensore ma fece le scale a due gradini per volta e un attimo dopo era sul lungolago, al riparo sotto la tettoia del chiosco posto sulla destra del porto. Da lì poteva vedere bene il pontile dove era ormeggiata l'imbarcazione dentro la quale la figura era scomparsa. Rimase in attesa. Trascorse qualche minuto con unica colonna sonora il sibilo del vento. Ed ecco che l'intruso risbucò dalla barca, barcollò sul piccolo spazio esterno dove rimase a guardare a terra per una manciata di secondi, e poi saltò sul pontile che percorse con passi veloci. Antonio non lo perse mai di vista e quando questi fu sulla strada si sporse dal suo nascondiglio per vedere meglio.

Voleva essere in grado di descriverlo.

Cinque ore più tardi, Verano varcava la soglia del commissariato. La festa del battesimo era andata benissimo e la giornata era stata piacevole, ma adesso i segni della stanchezza erano impressi sul suo viso. Merola gli aveva telefonato all'alba per avvertirlo dell'inconsueta incursione notturna di un uomo al porto, la cui descrizione gli aveva fatto ricordare una persona. Poteva sbagliarsi, certo, ma lo avrebbe verificato al più presto. Poco dopo arrivò anche Antonio.

«Tra poco sentiremo cosa ha da dirci la persona che ho appena convocato. Quando arriva la conduca nel mio ufficio e rimanga anche lei» gli disse Verano chiudendo una chiamata al cellulare. Merola guardò stupito il suo superiore ma non osò chiedere niente.

Fabio arrivò in commissariato e rimase in piedi in sala d'attesa per diversi minuti, prima di essere ricevuto, accompagnato da Antonio nell'ufficio del commissario.

«Perché tutta questa fretta? Sarei venuto come richiesto domani. È stato fortunato a trovarmi già a Omegna, sono rientrato prima da Milano» esordì Fabio.

Verano si sedette e fece cenno all'uomo di fare altrettanto. Dietro Fabio, Antonio era sbiancato e con gesti inequivocabili indicava il nuovo arrivato muovendo le labbra in un messaggio muto che lo individuava come la persona vista al porto poche ore prima.

«Le ho chiesto di venire per chiederle alcune informazioni che spero possano tornarmi utili nell'ambito dell'indagine sulla morte di Marta Giordano, la ragazza uccisa e ritrovata nel lago un mese fa» continuò Verano, che non esternò alcuna reazione al gesticolare del collega.

«Devo preoccuparmi?»

«No di certo.»

«Be', direi che comunque un avvocato non mi serve, visto che io rivesto tale ruolo e so quando fermarmi» scherzò l'uomo incrociando le braccia.

Verano non badò alla battuta dell'uomo. «La sera della cena al ristorante, quando la madre di Enea ha invitato me e mia moglie a sederci con voi, avete parlato delle barche che lei, Enea e Giacomo Medici possedete e che tenete attraccate al porto di Bagnella» cominciò.

«Sì.»

«Lei usa molto la sua imbarcazione?»

«Qualche fine settimana in estate, poco nelle ultime due, per i noti motivi di emergenza sanitaria.»

«Capisco. Qual è stata l'ultima volta che è salito sulla sua barca?»

«Non ricordo con esattezza, poteva essere agosto.»

«Quindi conosce poco i proprietari delle altre imbarcazioni.»

«Esattamente.»

«Non c'è nessun tipo particolare che potrebbe segnalarmi.»

«Non direi.»

«Sulla sua barca ci sono dei remi?»

«Sì.»

«Vi trovate anche con Enea, al lago? Siete molto amici, vero?»

«A volte ci siamo visti, uscendo in barca, ma come le ho detto, non di recente. Con Enea siamo amici da anni, abbiamo frequentato il liceo insieme, qui a Omegna. Sono stato il suo testimone di nozze.»

Verano non parlò per qualche secondo, prima di proseguire. «Abita di fronte al nuovo Museo Rodari, vero?»

«Vedo che sa molte cose di me.»

«Le sue finestre si affacciano sull'edificio del museo?»

«La zona del soggiorno sì, mentre la camera da letto è rivolta verso il cortile interno.»

«E cosa ci faceva questa notte, al porto di Bagnella? Non mi vuole dire nemmeno questo?»

L'altro si bloccò e guardò Verano con espressione allibita. L'ispettore Merola si mise in posizione di allerta.

«Come...» La voce di Fabio si udì appena. «Lei mi ha fatto seguire? Spero avesse i dovuti mandati, sennò se la vedrà con me.»

«Non mi serviva nulla, io non l'ho fatta seguire, il porto è un luogo pubblico e chiunque poteva vederla. Da Milano quando è tornato?»

«Ho anticipato il rientro a ieri sera. Mi sono messo a lavorare fino a tardi. Ho dormito male e mi ha svegliato il vento che era ancora buio. Mi sono preoccupato per la mia barca. Così sono andato fino al porto a piedi. Non ho fatto nulla di illegale.»

«Ma la sua barca è la prima della fila, molto riparata dal muro della strada, non sono un marinaio ma non credo corra mai il pericolo di essere danneggiata dalle intemperie, contrariamente a quelle attraccate più in là lungo i pontili, e quindi esposte» azzardò Verano con l'unico scopo di provocare l'uomo seduto davanti a lui.

Nell'ufficio calò il silenzio. Merola si agitò di nuovo

per attirare l'attenzione del commissario, che lo guardò senza cambiare espressione, esattamente come pochi minuti prima, mentre Fabio ribatteva. «Può non credermi, ma le ho detto la verità. Posso andare, ora?»

«Tra un momento la lascio andare. Io e l'ispettore Merola torniamo subito.»

I due uscirono dall'ufficio lasciando Fabio seduto di spalle alla porta. Non appena in corridoio, Antonio assalì il commissario con la sua irruenza: «Come ha fatto a capire che l'uomo che ho visto questa notte era Fabio Barale?».

«Quando me lo ha descritto ho pensato subito a lui, non sono tanti gli uomini grandi e grossi che vanno in giro con un codino, potevo sbagliarmi, ma comunque lei me ne avrebbe dato subito conferma o meno. Non ho volutamente anticiparle niente, vedendo se lo avrebbe riconosciuto senza esserne influenzato.»

«Però questa notte non è salito sulla barca ormeggiata dove ha detto lei, ma su un'altra, ormeggiata più avanti, in fondo al lato destro del pontile.» Precisò Merola, serio in volto.

Verano lo guardò e senza dire una parola ritornò nel suo ufficio a prendere la piantina del porto di Bagnella, sotto gli occhi di Fabio che non aveva cambiato posizione, e tornò dal collega. Un rapido consulto e fu stabilito il proprietario della barca sulla quale Fabio si era diretto la notte precedente. Tornò nel suo ufficio, deciso ad affrontare l'uomo la cui posizione stava diventando sempre più fumosa. Si prese qualche secondo appoggiandosi allo schienale della sedia.

«Vorrei conoscere i suoi movimenti del pomeriggio di giovedì ventuno ottobre e se qualcuno può avvalorarli.»

Fabio guardò il commissario con aria stupita, ma rispose senza battere ciglio. «Quel giorno è stato come tanti altri e se ricordo cosa ho fatto è solo perché avevo l'impegno della cena di compleanno di Enea. Ho visto un paio di clienti che naturalmente potranno confermare. Sono andato io da loro perché in questo periodo non posso utilizzare il mio ufficio dove sono in corso lavori di ristrutturazione. Sono tornato in serata, non so, potevano essere le cinque, ho lavorato, dovevo prepararmi per un'udienza prevista per il giorno successivo in tribunale. La sera io e lei eravamo alla stessa festa.»

«E come mai ha tardato così tanto, alla cena di Enea?»

«Sono un imperdonabile ritardatario, e non avevo ancora il regalo, così alle sette sono uscito di casa, pensavo di andare a comperare del vino. Ma ho incontrato una persona che non vedevo da tanto che mi ha praticamente obbligato ad andare a bere un aperitivo. Siamo andati in piazza e quando sono uscito dal bar mi sono ricordato del regalo: era tardissimo. In giro per Omegna c'erano delle bancarelle e in una ho notato le maschere. Ho comprato quella da damina d'impulso, felice dell'originalità della mia idea. Ma questo lei lo sa già, commissario, gliene ho parlato la sera della cena, quando mi ha chiesto delle maschere.» Verano annuì. «Ho pensato di completare il regalo con una poesia di Rodari, a Omegna non si parlava d'altro, in vista dell'apertura del museo, e sapevo che ce n'era una sul carnevale, così sono tornato a casa a cercarla su internet e stamparne il testo, perdendo ulteriore tempo. E quindi, finalmente, sono arrivato da Enea che voi eravate già al dolce.»

Verano rimase ancora per qualche secondo in silenzio. Quell'uomo gli nascondeva qualcosa, ne era certo.

Scoccò l'ultima freccia che aveva. «Lei questa notte non è andato sulla sua barca, ma su quella di Enea. Perché?»

Fabio guardò il commissario con un sorriso ironico disegnato sulle labbra. «Un buon giocatore sa quando fermarsi. E per me questo è il momento giusto: non risponderò più ad alcuna domanda.»

«Come vuole.» Verano si attardò volutamente a esaminare le carte che aveva sulla scrivania, poi guardò Fabio. «Per adesso può andare, ma credo che ci vedremo ancora. Vorrei però che mi facesse avere i contatti dei clienti che ha visto o sentito quel pomeriggio, e anche l'amico con il quale ha preso l'aperitivo.»

L'uscita di scena di Fabio fu silenziosa.

Mario guardò l'ora: le undici. Era domenica, Enea doveva essere a casa. Pensò se non fosse meglio farlo venire in commissariato, ma decise di risparmiargli un'altra convocazione. Lasciò libero Antonio promettendogli di tenerlo informato e chiamò Enea per avvisarlo che sarebbe passato da lui.

Non sempre il mal di testa era un pretesto, per Virginia. Lo usava spesso per esimersi dalle situazioni che non le andava di vivere, ma dal giorno prima il martellare alle tempie era reale – non aveva nemmeno avuto la forza di rispondere al telefono all'amata nipote – e troppo insistente per pensare anche solo di alzarsi dal letto. Così, quando Flora le aveva portato il tè, lo aveva bevuto nel letto e si era subito rimessa sotto le coperte.

La domestica bussò alla porta avvisandola che don Carlo desiderava vederla. Virginia avrebbe imprecato violentemente e probabilmente anche mandato al diavolo l'ospite, ma trattandosi di un prete, per di più di famiglia, diede il permesso a Flora di farlo accomodare. Si alzò a sedere sul letto appoggiando la testa dolente al cuscino e attese che Carlo entrasse.

«Che succede? È venuto a darmi l'estrema unzione, Carlo? Anzi, don Carlo. Non sono a quel punto, spero.» L'acidità della voce di Virginia nascondeva nervosismo e preoccupazione, e Carlo la conosceva abbastanza bene da saperlo.

«Certo che no. Posso?» chiese l'uomo prendendo una poltroncina dalla parete e sedendosi accanto al letto.

«A cosa devo la visita? Non è ora di dir Messa, questa?»

«La Messa la dirò questa sera, per quella della mattina c'è il parroco. Sono venuto a parlare un po' con lei, chiederle come sta. Ho ripensato spesso alla visita che mi ha fatto in chiesa qualche tempo fa, e precisamente la mattina seguente il compleanno di Enea. Ricorda?»

«Certo che me lo ricordo, non sono ancora affetta da demenza.»

«Era turbata. Mi ha lasciato capire che era venuta a conoscenza di qualcosa e non sapeva come comportarsi.»

«Sì, ricordo tutto con assoluta precisione. Erano solo elucubrazioni mentali dopo uno dei miei mal di testa, ragione per cui non ero venuta alla festa di Enea. Dove vuole arrivare, per Dio?»

«Con me può togliersela, quella maschera di donna forte. Io rappresento "Qualcuno" che può aiutarci ad affrontare le nostre debolezze.»

L'espressione della donna rimase immobile, solo un sottile filo di ironia nella risposta «Sa cosa abbiamo in comune, io e lei, Carlo? Non molliamo.»

196

«Ci fa onore, no? Nel mio caso, fa parte dei compiti che la veste che indosso mi impone.» Carlo guardava il viso arrossato di Virginia mentre prendeva dell'acqua da un bicchiere sul comodino. Quella donna l'aveva sempre incuriosito, sin da quando, tanti anni prima, era diventata la suocera della sorella. Con il carattere forte che la contraddistingueva, era il fulcro della famiglia.

«Sono così stanca» disse Virginia che, posato di nuovo il bicchiere e abbandonato la testa sul cuscino chiudendo gli occhi, sembrò improvvisamente perdere vigore.

«Se vuole dirmi qualcosa, io sono qui.»

Quello che seguì fu un lungo silenzio, rotto dalla donna che parlò senza riaprire gli occhi. «Glielo dirò, Carlo, ma in confessione.»

Carlo la guardò stupito, ma non poté esimersi alla strana richiesta. Il segno della croce tracciato nell'aria diede il via alle parole di Virginia, che per qualche minuto riempirono la stanza, taglienti come una lama.

Enea condusse Mario sotto il portico. Il vento era finalmente calato e permise ai due di sedersi all'esterno, sulle poltroncine di vimini addossate al muro della casa. Di fianco, il tavolo da ping-pong ricordava momenti spensierati di giochi in famiglia. La serata della cena di compleanno di Enea sembrava lontana di secoli.

Mario trovò conferma dello stress che l'amico stava vivendo in quel periodo dal suo pallore. La barba era un po' più lunga del solito e gli occhiali sottili non riuscivano a coprire la stanchezza dello sguardo. Era a casa da solo, solamente Melissa teneva compagnia al padrone e scodinzolava trotterellando fra il giardino e il salotto, fermandosi ogni tanto fra le gambe di Enea.

«Come stai?» Verano sapeva di non essere lì per una visita di cortesia, ma non poteva far tacere la vicinanza che sentiva con Enea.

«Sto cercando di fare del mio meglio.» L'amico gli sorrise.

«Ti auguro che possiate trovare una soluzione. Ma ora sono qui per chiederti di Fabio, tu sai che questa notte è andato sulla tua barca, al porto di Bagnella? Hai idea del motivo?»

«Cosa? No, ma ci sarà sicuramente una spiegazione. Sarà andato al porto per la sua barca, e dato il vento forte, avrà pensato di controllare anche la mia, Fabio è sempre molto protettivo, con me. Glielo chiedo subito» e fece per prendere il cellulare dalla tasca. «Ma, perché ti interessa?» chiese Enea rendendosi improvvisamente conto della stranezza della domanda di Mario.

«Aspetta» esclamò Mario. Enea lo guardò stupito e bloccò il movimento della mano a metà, senza rispondere alla domanda dell'amico. «Quando lo hai sentito, o visto, l'ultima volta?»

«Venerdì, dopo il nostro incontro in commissariato. Al mio ritorno a casa, mi ha chiamato lui, dicendomi che lo avevi convocato. Naturalmente gli ho detto che anch'io e Giacomo eravamo stati nel tuo ufficio e gliene ho spiegato il motivo.» Guardò Verano, improvvisamente allarmato. «Spero di non aver fatto qualcosa che non dovevo.»

«No, non c'era niente di riservato, ma temo che le mie domande abbiano provocato in Fabio una reazione sospetta. Credo nasconda qualcosa.»

«Non devi far troppo caso a Fabio, è sempre stato una testa calda. Ne è una prova quella cicatrice sul viso.»

«Come se l'è procurata?»

«Ha avuto un incidente in moto, nell'aprile del 1984, io e Marina stavamo preparando il nostro matrimonio, fissato per il mese successivo. Fabio ha sempre amato la moto, gli piaceva correre. L'uomo sul pick-up che ha urtato aveva bevuto, lui si è difeso dicendo che l'altro aveva invaso la sua corsia, ma era buio e nessuno ha visto. Mi ha chiamato dal luogo dell'incidente, il caso ha voluto che fossi molto vicino e sono arrivato prima di tutti. Quell'uomo mi è morto fra le braccia, poi, in ospedale, ho chiamato un mio amico che ha operato Fabio in viso: era messo parecchio male e ha fatto un miracolo. Gli è rimasto solo quella cicatrice, ma poteva andargli molto peggio. Mi ha fatto da testimone alle nozze e sul suo viso erano ancora ben visibili i segni dell'incidente.»

«Quindi Fabio ti deve molto» disse Verano.

«Ho solo fatto il mio dovere di medico, a cui ho aggiunto un briciolo di amicizia. Perché tutte queste domande su Fabio?»

«Non credo di poterti rispondere.» Verano si alzò.

«Perché non vuoi che lo chiami per chiedergli della sua visita alla mia barca?»

«Qualunque sia stato il motivo della strana spedizione di questa notte, non credo che ti risponderà.»

«Andiamo, Mario. A cosa stai pensando?» chiese Enea alzandosi a sua volta.

Verano guardò Enea, visibilmente turbato. Gli mise la mano sulla spalla e gli disse: «Non conosciamo mai abbastanza le persone, Enea. Indossiamo tutti delle maschere, proprio come quelle della tua collezione».

Rimasto solo, Enea chiamò Fabio al cellulare, ma questo suonò a vuoto, dando ragione a Mario. Sempre più preoccupato, uscì di casa alla volta del porto. Avrebbe dato un'occhiata alla barca, e poi sarebbe andato alla ricerca di Fabio.

Verano parlò con Merola dall'auto. Si consultarono sull'atteggiamento di Fabio. Quell'uomo qualche spiegazione ce l'aveva da dare, sulla sua visita notturna alla barca di Enea, anch'egli all'oscuro di quella stranezza. Doveva però esserci un motivo serio, per uscire apposta di casa prima dell'alba e con un vento che ti strappava da terra. L'idea che si stava facendo strada nella mente di Verano e condivisa dall'ispettore, era che sull'imbarcazione poteva esserci la prova che Marta Giordano ci era salita. Ragion per cui avevano deciso di chiedere al PM un mandato di perquisizione del mezzo.

Le domande che si ponevano erano però più d'una. Per quale ragione Fabio era andato durante la notte sul motoscafo dell'amico? E, se c'entrava con la morte di Marta, che movente poteva avere? Era da ricercare nell'amicizia tra Fabio ed Enea?

Quando Virginia terminò di parlare, Carlo non poté fare a meno di pensare che quella donna lo aveva incastrato, dichiarando quanto sapeva in confessione. Era stata scaltra come sempre.

«Non può far finta di niente, Virginia. La prego» riuscì solamente a dire, troppo sconvolto per aggiungere altro.

«Ha insistito per sapere. L'ho accontentata. Ma adesso vorrei rimanere sola, Carlo.» La donna lo guardò con occhi febbrili, esausta dalle emozioni. Tutta la sua forza sembrava averla abbandonata.

Carlo si alzò piano. Non poteva finire così.

«La prego…»

Per tutta risposta, Virginia chiuse gli occhi.

Era l'una passata quando Sara scese dal treno alla stazione di Omegna. Camminò fino al lungolago e si sedette su una panchina, piumino chiuso fino al mento e auricolari nelle orecchie che le mandavano note della sua musica preferita mentre calciava sulle foglie dai magnifici colori. A pochi passi da lei, una donna dall'abbigliamento strano, bionda e magrissima, il viso ricamato da solchi profondi di rughe raccontavano un'età che strideva con il biondo dei capelli, gettava pane nel lago. I cigni e le papere, attirati dal pasto, arrivarono veloci sbattendo le ali e increspando l'acqua e cominciarono la lotta per accaparrarsi il cibo. Pensò che dovesse essere proprio lì che Marta e Francesco si erano incontrati. Non aveva avvisato il ragazzo del suo arrivo, ma era certa che lui ne sarebbe stato felice, aveva capito di piacergli. Avrebbe voluto presentarsi a casa sua, ma Brolo – così si chiamava il paese dove lui le aveva detto di vivere, lo aveva scoperto su Google – distava qualche chilometro e lei non aveva mezzi. Non c'era altra alternativa che telefonargli e dirgli che era lì. Sfiorò l'indice sul suo contatto.

La voce di Sara arrivò all'orecchio di Francesco mentre, seduto sul divano in t-shirt e pantaloni della tuta, la ascoltava passandosi le mani fra i capelli. Non poteva credere che lei fosse lì! Gli balzò il cuore nel petto e si alzò come una molla.

«Non dici niente?» gli disse Sara, allarmata dal silenzio del ragazzo.

«Mi hai fatto davvero una sorpresa.» Francesco cercò di frenare l'emozione che provava.

«Allora? Ci vediamo?» Sara guardava il lago mentre si dava della stupida, cominciava a temere che lui non volesse vederla, che il copione della sua vita, con i ragazzi che non sceglievano lei, si ripetesse impietoso. La donna aveva smesso di dare da mangiare ai cigni e le stava passando davanti, testa bassa e schiena curva, riponeva la borsa ora vuota in una grande tasca del cappotto scozzese troppo largo per lei.

«Fammi vestire, arrivo» esclamò Francesco strappando un piccolo sorriso sul viso della ragazza. In quanto a lui, si sentiva felice come da tanto non gli capitava: avrebbe voluto telefonare a Viola e sbatterle in faccia la sua conquista.

Una ventina di minuti dopo era a Omegna. Si guardò in giro e scorse Sara nei pressi dei giochi per bambini che, seduta sull'altalena, i capelli sciolti che le coprivano metà viso facendola sembrare una bambina imbronciata, lo aspettava.

«Ciao», le disse Francesco. Gli sembrò dimagrita, dal loro primo e unico incontro.

«Marta ti piaceva di più, vero?» gli chiese, spiazzandolo.

«Ma cosa dici? Siete… eravate diverse. Sara, non fare così. Tu mi piaci, davvero…»

La ragazza diede una spinta rabbiosa all'altalena e per qualche secondo dondolò davanti a Francesco, alternando la posizione delle gambe tese e capelli al vento a quella con gambe piegate e capelli davanti alla faccia. Poi, così come si era lanciata in quel gioco di un'età ormai passata ma nella quale, forse, avrebbe desiderato ancora rifugiarsi, puntò i piedi, bloccò l'altalena e saltò giù. Gli scarponcini, approdando sullo speciale materiale posato a terra, provocarono un rumore sordo. «Non mi hai detto che tuo padre possiede una barca? Perché non mi porti a vederla?» chiese prendendo lo zainetto da terra e dando la mano a Francesco.

I due si avviarono verso Bagnella.

Enea parcheggiò in prossimità del porto di Bagnella e si avviò lungo il pontile. Il suo motoscafo era l'ultimo sulla destra, e per raggiungerlo dovette passare davanti all'imbarcazione di Fabio, che invece era la prima. Gettò uno sguardo al motoscafo dell'amico, ricordando le volte che vi avevano bevuto birra chiacchierando, anche senza salpare. Decise di provare a richiamarlo e lo fece mentre camminava. Fu con grande sorpresa che udì la voce di Fabio pronunciare il suo nome, dall'altra parte della linea. «Fabio, dove sei?» disse a sua volta. «Devo vederti.»

«Allora sai già tutto.»

«Non so niente, sono solo confuso. Mario mi ha detto della tua visita di questa notte alla mia barca. Sono sicuro che avevi un buon motivo.»

«Non lo immagini?»

Enea era stupito dal comportamento dell'amico. «Vuoi spiegarti? Cosa dovrei immaginare?» chiese alzando il tono della voce.

«Tu sai quanto io ti sia riconoscente per quello che hai fatto per me, tanti anni fa. Era ora di ricambiare.»

«Se ti riferisci all'incidente in moto, ci eravamo giurati che non ne avremmo parlato mai più.»

«Certo, ma tu allora ti sei compromesso per me, aiutandomi a sostenere la mia innocenza, che non avevo. Mi hai aiutato a spostare il pick-up per fare in modo che sembrasse lui il responsabile, e hai anche rovesciato la bottiglia di liquore addosso a quel pover'uomo che, oltre che morire, si è preso la colpa e io ho continuato la mia vita portandomi come unica conseguenza una innocua cicatrice sulla faccia. La faccia di un bugiardo. Adesso sono io a coprire il tuo, di errore.»

«Cosa diavolo stai farneticando?» Il vento si stava alzando di nuovo, sul lago, ed Enea avvertì il suo inflesso gelido insinuarsi sotto la giacca. Ma forse erano più le parole di Fabio, a farlo rabbrividire. Arrivato alla barca, scese sottocoperta per ripararsi.

«Il dubbio l'ho avuto il giorno in cui ti ho sorpreso in macchina, disperato perché Marina aveva scoperto il tuo tradimento. Avevo davanti un uomo che aveva costruito una bella vita e se la stava vedendo crollare per una scappatella, e ho capito che saresti stato disposto a qualsiasi cosa per difendere il tuo orticello. Così come io ero stato disposto a mentire per non subire le conseguenze della mia guida sconsiderata. Siamo uguali, io e te, amico mio.»

«Fabio, ti prego, dimmi dove sei, ti raggiungo» esclamò Enea, sempre più allarmato dalle parole dell'amico.

«Solo quando vorrai dirmi tutto» nella voce di Fabio suonò una nota di ironia.

«Tutto cosa?» A Enea sembrava un incubo.

«Andiamo, a me puoi dirlo, che hai ucciso quella ragazza» disse Fabio in tono quasi confidenziale.

«Tu sei fuori di testa!» tuonò Enea.

Ma ormai Fabio, era partito nelle sue personali elucubrazioni. «Vuoi mentire a me? Ti ho sentito preoccupato, venerdì, quando ti ho telefonato, per la convocazione in commissariato e Verano che chiedeva informazioni sulle nostre barche. Così sono tornato prima da Milano e sono andato alla tua barca a cercare le prove che temevo tu avessi lasciato. Ho pensato che fosse il luogo più adatto dove avevi condotto Marta per ucciderla, perché non ti tradisse, dopo averla incontrata nei pressi del Museo Rodari, dove io ti ho visto dalla finestra di casa, ma non ho trovato niente, d'altronde era notte fonda, e cosa pensavo di trovare? Il mio intervento è servito solo a farmi sorprendere dalla polizia, che ora sospetta di me. Ma se vuoi, la colpa me la prendo io. Tu devi solo raccontarmi come hai fatto. Mi inventerò un movente.»

«Fabio, devi smetterla! Non sapevo nemmeno dell'esistenza di Marta.» Enea era sconvolto dalle parole di Fabio. Doveva vederlo a quattr'occhi. «Dove sei?» ma la linea era stata interrotta bruscamente.

Enea imprecò.

Francesco e Sara erano quasi al porto. Lei l'aveva preso per mano, facendolo fantasticare di lasciarsi alle spalle la sfiga e vivere quella nuova storia. Sentiva che con Sara sarebbe stato bene: lui le piaceva, ormai ne era certo.

Si fermò e aprì il cancelletto di accesso ai pontili. Entrò insieme a Sara, i passi pesanti, sull'assito di legno, risuonarono sordi fino all'acqua. Qualche uccello volò basso, alla ricerca di cibo.

«Ehi, non tirare! Sei così ansiosa di vedere la barca? Non pensare di vedere uno yacht» esclamò Francesco, vedendo Sara che aveva improvvisamente accelerato.

L'ispettore Merola era rientrato a casa e si era fatto una

doccia per scrollarsi di dosso la stanchezza. Era in cucina a prepararsi qualcosa da mangiare, era digiuno dalla sera precedente. Si versò un bicchiere di vino e andò in sala dove Greta riposava sul divano, il ventre coperto da un plaid e il respiro leggero di chi sta facendo bei sogni. Il commissario lo avrebbe avvisato non appena ottenuto il mandato di perquisizione della barca di Enea, e loro si sarebbero mossi al più presto. Speravano di procedere alla perquisizione prima di sera.

Si avvicinò alla finestra e lo sguardo cadde sui pontili del porticciolo e, alla vista di alcune persone proprio vicino alla barca in questione, prese in mano il cellulare per avvisare il suo superiore. Pensò che il cibo avrebbe dovuto aspettare ancora: il lavoro reclamava la sua attenzione prima del previsto.

Sara inciampò salendo sulla barca e cadde provocando un rumore sordo. Francesco fece per soccorrerla, ma la testa di suo padre fece capolino da sottocoperta. «Francesco!» Lo stupore dell'uomo lo fece barcollare mentre usciva completamente allo scoperto. «Cosa ci fai qui?» e, spostato lo sguardo su Sara, guardò la ragazza ancora più interrogativo.

«Papà...»

«Chi è questa ragazza?»

«La figlia della tua amante.»

Un silenzio pesante calò sul pontile. Così, quello era Enea, l'uomo di cui sua madre si era innamorata. Sara provò una certa delusione: magro, i capelli cortissimi e la barba trascurata, gli occhiali, poi, di quelli senza montatura che avevano la pretesa di scomparire sui visi riuscendo solo a gettarvi un'ombra malsana. Non sapendo cosa fare, gli rivolse un sorriso neutro, mentre lui lo ricambiava con uno imbarazzato.

«Volevo far vedere la nostra barca a Sara, ma, visto che ci sei tu, ce ne andiamo.»

«No, me ne vado subito» ed Enea salì sul pontile, facendo subito spazio a Sara perché salisse. «La serratura è guasta.»

Il sopraggiungere in quel preciso istante dell'ispettore Merola congelò la scena. «Signori, vi devo chiedere di allontanarvi da questa barca. Il commissario Verano sta arrivando per procedere alla sua perquisizione da parte della polizia.»

Francesco si avvicinò a Sara per aiutarla ad alzarsi. La ragazza gettò uno sguardo verso l'interno, ma poi lo seguì sul pontile. «Papà, ma che succede? Perché la polizia vuole perquisire la nostra barca?»

Enea guardò il figlio senza dire nulla, ma temeva che la ragione fosse da ricercarsi nell'escursione notturna di Fabio. Improvvisamente avvertì un terrore sordo. Cosa avrebbe portato, tutto questo? Era indiziato?

Un'auto della polizia arrivò e si fermò in prossimità del porto. Ne scese Verano insieme a due agenti. Il commissario, dopo la telefonata di Merola, essendo già in possesso del mandato, aveva deciso di non perdere più tempo. Raggiunsero il capannello di persone in fondo al pontile e il mandato fu mostrato a Enea in quanto proprietario dell'imbarcazione. Mario, alla vista di Sara si stupì della sua presenza: «Sara, come mai sei qui?».

«Sono venuta per Francesco.»

Ora erano tutti sparsi per il pontile, in attesa, mentre l'agente Ricci e l'ispettore Merola salivano sulla barca.

La BMW di Virginia uscì in quel preciso istante dal garage, diretta a Omegna. Ma la donna non passò dal lungolago, imboccò la via parallela, impedendole di vedere le auto della polizia e quella di suo figlio davanti al porto.

L'agente Ricci sbucò da sottocoperta dell'imbarcazione di Enea. «Commissario, può venire?»

Nel piccolo spazio all'interno della barca l'ispettore lo relazionò. «Abbiamo trovato un remo solo. Ma l'ho fatta chiamare per farle vedere questo.» Antonio gli mostrò un portachiavi ad anello con un dinosauro in plastica e due chiavi. «Sono le chiavi del bed and breakfast, devono essere cadute dallo zainetto di Marta, c'era una tasca scucita e mancavano fra le cose di Marta» disse. «Erano sotto un sedile» spiegò. «C'era anche questo. Sembra...» ma non terminò la frase. Lui e il commissario rimasero per qualche secondo a fissare l'oggetto nel palmo dell'ispettore.

Verano uscì per primo sul pontile, dietro di lui Merola che parlava al cellulare, mentre l'agente rimaneva nell'imbarcazione.

«Noi possiamo andare?» chiese Francesco. Non era quella, la giornata che si era immaginato di trascorrere con Sara, voleva andarsene. La ragazza, accanto a lui, tremava visibilmente.

Ma Verano non rispose, distratto da Merola. «Dottore, la cercano dal commissariato. Dicono che è urgente.» L'ispettore gli porse il cellulare. Verano lo afferrò spostandosi di qualche metro. Rimase in disparte ad ascoltare in silenzio, poi chiamò accanto a sé Merola. Gli restituì l'apparecchio dicendogli qualcosa e questi andò spedito alla macchina. Un attimo dopo l'auto era sparita verso Omegna.

Verano si avvicinò a Sara. «Mi confermi che queste sono le chiavi del bed and breakfast? Tu avrai avuto un'altra copia durante i giorni del tuo soggiorno» le chiese mostrando quanto appena ritrovato.

La ragazza guardò il portachiavi con l'animaletto che le sorrideva. «Sì.»

«Quindi adesso abbiamo la certezza che Marta è stata qui. E, considerato che dalla barca è stato sottratto uno dei due remi, con ogni probabilità vi è stata anche uccisa» prese tempo. «Resta da stabilire da chi.»

In commissariato, dove Merola era arrivato trafelato, si trovò Virginia seduta in sala d'aspetto, la crocchia di capelli ben visibile in cima al capo e una sciarpa gialla avvolta intorno al collo. «Avevo chiesto del commissario.»

«Il commissario ha delegato me, sono l'ispettore Antonio Merola.»

La donna lo fissò a lungo prima di decidersi ad alzarsi e seguirlo in un ufficio deserto.

«Mi è stato riferito che ha importanti rivelazioni in merito all'omicidio di Marta Giordano. È così?» Antonio fece cenno alla donna di sedersi a un tavolo lungo posto al centro della stanza.

«È così» esclamò la donna, sedendosi e tamponandosi le tempie che le pulsavano più che mai.

Al porto, Verano era salito sulla barca dove rimase con l'agente Ricci. Non serviva proseguire la perquisizione, ma lui aveva bisogno di prendere tempo. L'oggetto trovato insieme alle chiavi gli aveva prospettato nuovi

scenari. E poi, la telefonata dal commissariato prometteva importanti rivelazioni sull'omicidio. Avrebbe voluto recarsi lui, in ufficio, ma aveva preferito rimanere
lì. L'ispettore Merola si stava rivelando un ottimo collaboratore, avrebbe certamente gestito la situazione con
professionalità. Voleva aspettare il suo ritorno, prima di
fare qualsiasi altra cosa. Sarebbe rimasto sulla barca.

Mandò l'agente all'esterno. «Chiedi ai presenti di rimanere ancora, per favore» dispose.

La dichiarazione di Virginia risuonò fra le pareti dell'ufficio. La donna ripeté ciò che si era tenuta dentro per un
mese, la voce rassegnata all'inevitabile.

«Sono stata tutto questo tempo con un terribile segreto, lo so. Ma oggi qualcuno mi ha convinta a raccontare
tutto» disse terminando quanto aveva da dire.

«La prego di non lasciare il commissariato.» Merola
uscì dal caseggiato e salì in auto, partendo verso Bagnella, non prima di essersi raccomandato con un agente di
non lasciare andar via Virginia.

Il rombo del motore della macchina di servizio arrivò
alle orecchie di Verano, che si alzò dalla panca di legno
della barca. Uscito sul pontile scorse fra i presenti Fabio
che doveva essere arrivato nel frattempo. Se ne stava leggermente in disparte, con Enea a due passi e Francesco
e Sara seduti a terra, stretti nei giacconi. L'agente Ricci
sovrastava la scena con la figura in piedi e lo sguardo vigile. Mario andò incontro a Merola, e ascoltò il resoconto
di quanto appena scoperto.

«È ora di tirare le fila. Stammi accanto e resta in allerta» comandò Verano a Merola, visibilmente teso.

I due tornarono verso il capannello di persone.

«Mi scuso per avervi tenuti qui, ma c'era una ragione ben precisa» disse Verano ai presenti.

Si avvicinò a Sara mostrando qualcosa che tolse dalla tasca della giacca. «Mi confermi che questo piccolo pezzo di plastica potrebbe essere una parte del gadget con il sommozzatore che sia tu che Marta avevate sullo zainetto?» e una minuscola maschera da sub di colore giallo apparve sulla mano di Verano. Sara guardò e fece un cenno affermativo con la testa. «Però io non ricordo che a quello sullo zainetto di Marta mancasse qualche pezzo. Era intatto, se ricordo bene.»

A Sara era scomparso quel poco di colore che ancora aveva in viso.

«Posso vedere il tuo zainetto?»

La ragazza prese lo zainetto dall'assito di legno con una mano e lo porse a Verano, senza alzarsi. Il commissario lo guardò per qualche secondo. «Quel pezzo lo hai perso tu, Sara, il tuo gadget manca della maschera.»

«Cosa… cosa vuol dire?» Francesco guardò Verano e Sara, alternativamente.

«Dovrai venire con noi in commissariato.» L'ispettore Merola la fece alzare prendendola per un braccio. Anche Francesco si alzò, le gambe intorpidite dalla posizione lo fecero vacillare. «Cosa sta succedendo? Sara!»

Sara si liberò dalla presa di Antonio, stringendosi il gomito con l'altra mano, l'espressione spaurita, con i capelli che le ricadevano sul davanti coprendole metà viso.

«Andiamo, Sara.» Merola cercò di riprenderla con la mano e le si avvicinò di più, dolcemente.

«Cosa volete da me?»

«Ti hanno vista, ormai sappiamo che sei stata tu. Vogliamo che ci racconti tutto.»

«Cosa?» Francesco stava per lanciarsi verso Sara, in segno di protezione, ma Enea lo fermò.

Sara scartò all'improvviso e spiccò una corsa. Ma l'agente Ricci era già pronto e la ragazza non riuscì a percorrere che pochi metri. Fu afferrata dall'uomo contro il quale sbatté.

«Lei! Lei si prendeva sempre tutto! E se ne vantava, pure.» L'argine si stava rompendo e sul viso della ragazza comparvero le prime lacrime. Si divincolava sempre più debolmente fra le braccia dell'agente. «Era sempre un passo avanti a me. Mi rubava la scena, sempre! La mia "migliore amica".» Imitò uno sputo a terra. «Quella specie di brutto anatroccolo che si era seduto accanto a me, il primo giorno di scuola, magrissima e spigolosa, che si accendeva come un cerino se si nominava suo padre, io che mi ero sentita attratta da lei, voleva proteggerla. Siamo cresciute insieme condividendo tutto, poi, al liceo, ha cominciato a offuscarmi con la sua bellezza, cacciandomi sempre di più nella sua ombra. Allora ero io, quella banale, da proteggere e compatire. Con i ragazzi sono sempre stata la seconda scelta, quando mi vedevano, perché Marta se li accalappiava con il suo fascino. Ma il suo più grande capolavoro è stato con Luca…» ebbe un lampo negli occhi che spaventò Francesco: impossibile che quella che aveva davanti fosse la stessa ragazza che poco prima si era lanciata sull'altalena e l'aveva preso per mano! «Sapeva che mi piaceva, eppure mi ha rubato anche lui. Avreste dovuto vederla, su quella barca, dove ha voluto salire per gioco, che gli dava del perdente: l'aveva visto quel pomeriggio, qui a Omegna. Lei era riuscita a non incontrarlo, se ne era vantata con me. Lo aveva deriso e poi ha alzato le spalle con quel suo modo di fregarsene di tutto e di tutti. Non ci ho visto più, quando siamo tornate sul pontile ho afferrato il remo e l'ho colpita.»

«Basta, Sara, adesso vieni con noi. Continueremo in commissariato.»

Francesco la chiamò, ma Sara non si girò mentre veniva trascinata verso la macchina. L'incredulità dei presenti li teneva incollati al pontile. Non appena l'auto della polizia svoltò la curva verso Omegna – qualche curioso aveva seguito la scena, ma la brutta giornata novembrina aveva scoraggiato il passeggio domenicale degli omegnesi e di gente in giro ce n'era pochissima – Francesco corse via nella direzione opposta senza badare al richiamo del padre, rallentando solo quando non ebbe più fiato. In piedi, piegato in avanti con le mani sulle ginocchia, si guardò le scarpe prima di allungare il collo per non sporcarle dei resti provenienti dal suo stomaco che si contorceva dagli spasmi.

Non ebbe bisogno di sollevare la testa verso il rumore della frenata, per sapere che l'auto che si era fermata accanto a lui era di suo padre. «Su, vieni, andiamo a casa» udì alle sue spalle.

Manuela era ad Avigliana, seduta al bar sotto i portici, dove era solita recarsi con Enea. La padrona del locale non aveva osato chiederle perché da qualche tempo la vedeva sempre da sola, con gli occhiali scuri anche nei giorni senza sole a guardare il profilo dei ruderi del castello che svettava sopra il paese.

Quella mattina era partita d'impulso da Torino, quando, al suo risveglio, non aveva trovato Sara. Il messaggio della figlia arrivato poco dopo le aveva annunciato che sarebbe stata via tutto il giorno e si concludeva con un *"Ti voglio bene. Ci vediamo questa sera"*. Ma ora non sapeva che farsene, di quelle ore, vuote come la sua vita. Sospirò e si alzò lasciando i soldi della consumazione sotto il posacenere.

Fu in prossimità del pozzo in cima alla piazza che il telefono squillò e ciò che apprese dal commissario Verano le fece quasi perdere l'equilibrio.

Desiderò che il pozzo che aveva davanti la inghiottisse, perché la sua vita da quel momento non sarebbe stata solo più vuota, sarebbe stata l'inferno.

Vittoria svenne nel corridoio del reparto dove aveva appena terminato il turno. Sebbene le parole usate da Verano al telefono fossero state pronunciate con il maggior tatto possibile e per il momento non svelassero nulla oltre alla colpevolezza di Sara, la donna cadde come un piombo e fu soccorsa dai colleghi. Le fu impedito di lasciare l'ospedale e la sorella la raggiunse rimanendo per tutta la notte accanto al letto dove un provvidenziale sonnifero la sottrasse alla terribile realtà.

La notizia delle ultime scoperte raggiunse il questore nella sua casa di Vignone, che lasciò immediatamente alla volta del commissariato di Omegna. La dottoressa De Angelis, il cellulare stretto fra le mani e le labbra rosso fuoco accartocciate in una smorfia di incredulità, prima di avvisare il PM andò ad aprire la finestra per respirare aria fresca. Le tornò alla mente ciò che aveva pensato davanti al corpo di Marta, un mese prima: che era felice di non aver avuto figli, che pur privandola di tale gioia, la metteva al riparo dalle possibili sofferenze del perderli. Ma ora aggiungeva a quel pensiero l'orrore che avrebbe provato la madre di Sara, che pur avendo la propria figlia ancora in vita, ne avrebbe avuto una sofferenza ancora peggiore. Rinnovò il ringraziamento verso il Dio che non l'aveva voluta madre.

Da quando era salita sull'auto della polizia, Sara si era trincerata dietro un mutismo ostinato. Dopo essere stata condotta in commissariato e fatta entrare in un ufficio in attesa del PM, la ragazza non aveva nemmeno guardato la sedia offertale e si era seduta a terra, contro la parete e con le gambe abbracciate, la testa sulle ginocchia. Mentre fuori faceva buio e il vento aumentava sempre di più, rabbioso come sanno essere le violente folate che si insinuano fra le valli oltre il lago, l'immobilità della ragazza metteva a disagio l'agente Ricci che aveva il compito di rimanerle accanto. Dentro quel corpo, la mente di Sara vagava come un fantasma nei meandri della sua coscienza, dove il viso di Marta faceva capolino.

«Sara, vieni» udì arrivare da un altro mondo, quello reale, che lei non aveva voluto accettare. L'agente che le aveva parlato entrando nella stanza era quella donna giovane che l'aveva accolta la prima mattina in commissariato, dove lei era arrivata certa di riuscire a mantenere la maschera dell'amica fino alla fine, adesso era sulla soglia della stanza e la esortava a seguirla.

Sara si alzò, una statua di cera.

Ora, senza la sua antagonista, era lei, la più bella.

A casa Medici c'era gran parte della famiglia. Increduli

sull'evoluzione degli avvenimenti della giornata, si erano raccolti nel loro nido per cercare di darsi delle spiegazioni. Marina aveva visto arrivare Enea e Francesco pallidi come cenci. Il figlio era corso in bagno e lei, da dietro la porta, lo aveva sentito vomitare. Margherita, in camera sua a studiare, era corsa a vedere cosa stesse succedendo.

Enea sperava di avere presto notizie da Verano, ma dopo la concitata uscita di scena dell'amico commissario, insieme ai colleghi e alla ragazza improvvisamente passata da amica della vittima a carnefice, immaginava quanto Mario fosse ora assorbito nel suo ruolo. Quanto a lui, era la prima volta che incontrava la figlia di Manuela ed era rimasto colpito dalla somiglianza con la madre. L'ultima scoperta, poi, l'aveva annichilito e ora si chiedeva se non fosse il caso, nei giorni a venire, di chiamare la sua ex amante per offrirle un appoggio nella tragedia che le stava capitando.

«Io... non posso crederci.» Francesco non si dava pace e parlava passandosi di continuo la mano fra i capelli. «Tutte quelle parole, al telefono, sembrava la più mite delle ragazze. Invece aveva trovato il pollo che le dava notizie: sono stato io a dirle della barca. E pensavo di piacerle.»

Margherita andò accanto al fratello e gli mise un braccio intorno alle spalle.

Enea lasciò piano la stanza dove le persone che amava si ponevano interrogativi a cui nessuno per il momento era in grado di dare una risposta. Uscì dalla veranda e si appoggiò al parapetto in sasso che divideva la sua casa dal lago, Melissa dietro. Compose un numero di telefono.

Fabio rispose al secondo squillo. «Ciao, Enea, mi hai chiamato per dirmi che la nostra amicizia è finita?» Non si erano parlati, sul pontile, troppo coinvolti in ciò che stava accadendo, ed Enea era corso dietro al figlio senza pensare più a nient'altro.

«No.» Il sorriso di Enea arrivò all'amico in quella piccola sillaba. Non aveva avuto molto tempo per pensare alle cose orribili di cui Fabio l'aveva accusato, ma l'affetto profondo che provava per lui gli impediva di odiarlo.

«Non posso pensare di averti creduto un assassino. Ma tutti quei segnali mi hanno fatto credere che volessi difendere la tua vita, che in un atto disperato hai ucciso. Avevo già potuto vedere la tua freddezza, tanto tempo fa, quando con la tua complicità mi hai aiutato a coprire la mia colpevolezza in quel maledetto incidente.»

«Tu non eri colpevole, Fabio. Avevate colpa entrambi, abbiamo fatto in modo che tu non ti rovinassi, ormai quel poveretto era morto. Sapevamo chi era e che non lasciava nessuno. Abbiamo anche ragionato sul fatto che nessuno avrebbe comunque beneficiato di un rimborso assicurativo.»

«Abbiamo sporcato la sua memoria.»

Enea rimase in silenzio per qualche secondo, non sapendo più come ribattere all'amico.

«Se vuoi sparirò dalla tua vita.»

«Non voglio. Non posso fare a meno del più matto e sincero amico che si possa avere. Uno che regala maschere di carnevale.»

Adesso era Fabio a sorridere mentre chiudeva la telefonata. Era ancora sulla sua barca dove si era rifugiato quella mattina, dopo la convocazione da Verano. E da dove aveva risposto alla seconda chiamata di Enea, sapendo che l'amico era a pochi passi da lui. Lo aveva scorto arrivare sul pontile, voleva spiarne le reazioni senza essere visto. E quelle espressioni gli avevano fatto capire che aveva preso un grosso granchio, a crederlo colpevole. Aveva riattaccato pensando a come riparare all'errore, poi, non era passato molto tempo che intorno alla barca di Enea si era formata una piccola folla, fra cui la polizia. Aveva capito che stava accadendo qualcosa di importante ed era uscito dalla sua imbarcazione, avvicinandosi. L'imbarazzo verso Enea era stato palpabile, ma non era il momento di parlare. Aveva così scoperto il vero colpevole dell'uccisione di Marta Giordano.

Si alzò faticosamente e saltò sul pontile. Meglio andare a casa.

Anche Marina poco dopo uscì dal soggiorno. La vista di Enea attraverso la vetrata la fece indugiare. Lasciò passare qualche secondo, poi, vedendo il marito di spalle che guardava il lago con le mani in tasca e la postura curvata di chi è con la mente altrove, si decise a raggiungerlo, con Melissa che la seguiva. A Enea bastò il rumore della vetrata, per riemergere dai pensieri rivolti a Fabio e capire che sua moglie era dietro di lui. Non si voltò, attese che le fosse accanto.

«L'ho lasciata» esclamò. «Potrai mai perdonarmi?»

Marina rimase in silenzio per diversi secondi. Quando parlò, la sua voce arrivò al marito con spietata durezza. «No, non credo che riuscirò mai a perdonarti» si prese ancora del tempo, prima di proseguire. «Ma questo non vuole dire che lascerò che la nostra famiglia si sfasci. La terremo unita, per quanto possibile. E cercheremo di avere rispetto l'uno per l'altra. Per il bene che ci siamo voluti e che ci vogliamo ancora, e per i nostri figli.»

«Non ti credevo capace, di indossare la maschera della falsità.»

«Non è quella della falsità. È la maschera della saggezza, del bene di tutta la famiglia che vince sugli errori di uno solo.»

Enea adesso si voltò a guardare il viso delicato di Marina. «Grazie. Farò di tutto per recuperare la nostra vita insieme.»

Il profilo svanì mentre la donna si girò e ritornò verso la casa. Non voleva farsi sopraffare dell'emozione. Salì in camera sua e si sedette sul letto. Respirò a fondo. Era felice e svuotata al tempo stesso per la decisione che aveva appena preso. Sarebbe stato difficile, ne era consapevole, ma amava ancora Enea, e questo le bastava.

Carlo rispose alla telefonata di Marina dalla sacrestia mentre si toglieva la lunga veste nera dopo la Messa. Dopo aver udito le parole della sorella, lasciò che la chiesa si svuotasse e andò nella grotta della Madonna di Lourdes. Inginocchiato, faticò a pregare, angosciato da quanto il mondo fosse popolato da persone infelici come Sara. Pregò per lei, perché per il resto della sua vita capisse il madornale errore che aveva fatto. Pregò per Marta, e per sua madre, che aveva conosciuto proprio lì, in chiesa e pensò all'atrocità che avrebbe provato nello scoprire che l'assassino della figlia era la migliore amica. E per Virginia, che era riuscita a fare ciò che era giusto.

Virginia era davanti a Verano, in una saletta del commissariato di Omegna. La dichiarazione resa quel pomeriggio dalla donna era riportata sul foglio stampato davanti a lui. Mario lesse in silenzio.

La sera di giovedì 21 ottobre 2021 stavo rientrando a casa: era già buio e avevo appena parlato al telefono con mio figlio Enea per dirgli che non sarei andata alla cena del suo compleanno. Mi è squillato il cellulare e mi sono fermata a bordo strada, in zona del porticciolo, per rispondere. Era la mia amica Donatella. Durante la telefonata, che è durata parecchio, ho visto due ragazze imboccare il pontile centrale. Dalla mia postazione riuscivo a vederne solo il primo tratto, perché poi la luce diminuisce e non si riesce a vedere gli ultimi metri. Le ho viste sparire nel buio. Dopo una decina di minuti, una delle due è ritornata correndo, si è fermata poco distante dalla mia macchina guardandosi intorno, uno zainetto fra le mani. È rimasta a fissarlo per qualche secondo, e poi, improvvisamente se ne è liberata gettandolo in acqua. Ha ripreso la corsa lungo la strada verso Bagnella. Ho salutato Donatella e sono scesa dall'auto, spingendomi fino oltre metà pontile: della seconda ragazza nessuna traccia. Non sapevo cosa pensare, e, tornata sulla strada sono risalita in auto e andata a casa. Non ho creduto al peggio, fino a sabato, quando a Omegna è girata la voce del ritrovamento del corpo di una ragazza, proprio lì al porto. Ho capito solo allora la gravità di ciò che avevo visto.

Le lettere grandi e spigolose della firma di Virginia Alberganti riempivano l'intera parte centrale del foglio.

Verano alzò lo sguardo.

«Perché ha taciuto?»

«Quelle due ragazze non le ho nemmeno viste bene in faccia, avrei anche potuto sbagliarmi. I giovani di quell'età sembrano tutte uguali. E poi... sono vecchia, non volevo trovarmi seduta in un commissariato di polizia a dover ripetere infinite volte la stessa storia. E se si fosse scoperto che mi sbagliavo, pensi alla beffa! Sarei stata tacciata dalla mia famiglia come la vecchia nonna che si stava rimbecillendo ormai sulla via del declino. Le confesso che la sera di Halloween, quando lei si è materializzato davanti al nostro tavolo e l'ho invitato a sedersi con noi, speravo di avere qualche informazione, ma non sono riuscita a portare il discorso sulla ragazza morta.»

«La ragazza che lei ha visto fuggire adesso è di là, le chiederemo di fare un riconoscimento, quindi dovrà fare ogni sforzo possibile. E lei potrebbe essere chiamata a rispondere di quello che ha fatto, o meglio che "non" ha fatto, ma considerato che si è poi presentata di sua spontanea volontà a rilasciare dichiarazione, tornerà a suo favore.»

Virginia lo fissò, dunque non si era sbagliata: l'avevano presa. Annuì stancamente.

Quando, più tardi, salì in macchina, non partì subito. Si appoggiò per qualche minuto allo schienale del sedile in pelle. Era ormai buio e il parcheggio deserto. Aveva letto negli occhi del commissario il rimprovero per il suo silenzio vigliacco. Non poteva dargli torto. Ma quell'uomo aveva almeno vent'anni meno di lei, ancora nel vigore maturo di chi la vita la sta vivendo quasi al pieno delle proprie facoltà e non può capire cosa si prova quando quel vigore viene meno e non si è più in grado di affrontare le difficoltà della vita. Ricordò che quella sera, a cena, aveva dichiarato che sebbene il suo lavoro fosse difficile, lui non avrebbe potuto fare altro. Sorrise al pensiero, rispecchiando la considerazione su sé stessa: lei, che non aveva mai potuto trascurare i compiti che si era data nella vita. E adesso? Se la sentiva ancora? La risposta era no, aveva detto bene, a Carlo, quando gli aveva confessato di sentirsi stanca. La vista della ragazza fuggita via dal porto quella tragica sera, le aveva ricordato Margherita. E un senso di impotenza si era aggiunto alla volontà di non parlare: improvvisamente aveva avuto l'istinto di proteggere quella sconosciuta. Non aveva voluto essere lei, a condannarla. Alla fine, era stata costretta a farlo, ma il corso delle cose era arrivato prima a far pesare la bilancia dalla parte della verità.

Adesso, quel poco di forza che le rimaneva ancora, l'avrebbe usata per stare vicina alla sua famiglia, l'unica cosa che contava veramente.

Accese il motore e ingranò la marcia. Improvvisamente si rese conto che il mal di testa le era passato.

Ai quesiti sull'assassinio di Marta Giordano, Sara rispose, durante i vari interrogatori che si susseguirono nei giorni a venire, con voce neutra e senza alcun tentennamento, fornendo completo resoconto su quanto era accaduto a Omegna dal momento del suo arrivo.

La sera di giovedì 21 ottobre 2021, scesa dal treno alla stazione di Omegna, si era avviata verso il bed and breakfast. Sul lungolago aveva inaspettatamente incontrato l'amica che camminava verso di lei. Marta l'aveva abbracciata inondandola di idee che le erano venute per quelle giornate, le aveva parlato del museo, di locali dove andare a bere la sera. Giunte in prossimità del porto, aveva svoltato sul pontile per indicarle la sponda opposta dove aveva scoperto ci fosse una parete adatta per fare immersioni, ma era troppo buio per poter vedere qualcosa. Arrivata all'ultima barca, era salita con un balzo. Sara aveva cercato di fermarla, ma l'amica in un attimo era dentro il piccolo abitacolo. Sara l'aveva raggiunta e, nello scendere, il suo zainetto si era impigliato e lei, per liberarlo lo aveva strattonato. Doveva essere stato in quel momento che il gadget si era rotto. All'interno vi erano rimaste per qualche minuto, guardandosi intorno e sedendosi sui cuscini delle panche di legno, fingendo di essere le proprietarie dell'imbarcazione. Era stato lì che Sara aveva notato la ciocca bionda che si era fatta Marta – la solita esibizionista, aveva pensato –, mentre l'amica se ne era uscita con gli impropri beffardi contro Luca, facendole ribollire il sangue. Poi erano risalite, Marta davanti. Quando aveva visto la fisionomia magra dell'amica che, malgrado il buio, si era stagliata contro lo sfondo più scuro del lago, lei aveva provato tutto l'odio possibile per colei che le stava rubando tutto. Aveva scorto i remi, ne aveva afferrato uno e, approfittando del fatto che Marta si era tolta lo zainetto dalle spalle e lo aveva appoggiato a terra per prendere qualcosa, accecata dalla rabbia aveva inferto il primo colpo, al quale ne erano seguiti altri. L'aveva poi gettata in acqua: le era bastata una piccola spinta, perché il tutto si era svolto al bordo estremo del pontile. Lei aveva buttato anche il remo nel lago e si era messa a correre. All'inizio del pontile si era resa conto che nel panico aveva preso lo zainetto di Marta: lo aveva lanciato anch'esso in acqua ed era fuggita. Dopo aver corso senza una meta precisa, si era fermata ansimante in un angolo buio nei pressi di una grossa cupola, scesa fino all'acqua aveva guardato la massa nera di quel lago che dal treno le era apparso così bello e che ora le faceva solo paura. Non sapeva quanto fosse rimasta lì, poi i brividi di freddo l'avevano costretta a muoversi e a pensare a cosa fare. Aveva così seguito le indicazioni del navigatore ed era arrivata al cancello del bed and breakfast. Solo a quel punto aveva realizzato che non avrebbe potuto entrare: il cancello era chiuso e lei non aveva la chiave, come non aveva quella della camera. Aveva così composto il numero dei proprietari scritto sotto il campanello e con la donna che si era presentata mezz'ora dopo aveva cominciato la recita per la scomparsa della compagna del cuore.

I giorni seguenti a Omegna, dove aveva dovuto rimanere su richiesta della madre di Marta, e poi a Torino, aveva vissuto in una specie di limbo, alternandosi le maschere dei due ruoli che vestiva contemporaneamente: quella dell'amica disperata e quella dell'assassina, non provando però mai rimorso per ciò che aveva fatto. La vicinanza di Luca era stato il primo tassello di speranza di una nuova vita, non più soggiogata dalla ingombrante presenza di Marta.

Quando aveva incontrato Francesco in commissariato aveva pensato di usarlo per rimanere al corrente su quanto accadesse a Omegna. Quando poi si era rivelato il figlio dell'amante di sua madre, era stato anche meglio: lo aveva reso ancora più vicino alla storia. Aveva saputo della barca che il padre di Francesco possedeva e dell'interesse della polizia e l'apprendere che era la stessa dove lei e Marta erano salite l'aveva visto come un segno del destino che era venuto in suo aiuto per recuperare il piccolo pezzo di plastica staccatosi dal gadget che aveva appeso allo zainetto e che si era resa conto di aver perso proprio lì in quei concitati momenti. La conoscenza con il ragazzo le dava la possibilità di tornarci senza destare sospetti. Questo era lo scopo del suo ritorno a Omegna della domenica, rivelatasi però una trappola.

Davanti al video della televisione accesa, Verano cercava di far tacere lo stridio del gesso contro la lavagna che gli rimbombava nella testa per la bestialità di quanto scoperto. Non poteva credere che la ragazza che si era presentata quel mattino di un mese prima in commissariato, spaventata per non aver incontrato l'amica, avesse fatto germogliare dentro di sé il seme dell'odio alimentato dalla spirale della gelosia che la faceva sentire la banalità accanto allo splendore, il principe consorte di pochi passi dietro, la seconda scelta dei ragazzi. E la confessione vomitata sul pontile del porto dove lei era diventata un'assassina, era solo la punta dell'iceberg dell'inferno che aveva dentro.

Si immaginò Marta e Sara, bambine, sui banchi di scuola: la vivacità e l'impulsività di Marta abbracciava la prudenza e la riservatezza di Sara, mentre la bellezza aristocratica di quest'ultima avvolgeva le spigolosità della magrezza di Marta. Allora, il piatto della bilancia pendeva della parte di Sara, facendole vincere nettamente la partita. Ma poi, crescendo, Marta aveva avuto il cambio di rotta, sbocciando nel più bello dei cigni. Verano aveva potuto constatare quanto doveva essere bella, lo era anche da morta. Gli zigomi alti del viso che prima la facevano sembrare uno spaventapasseri, ora le conferivano un misterioso fascino e la magrezza complessiva non disturbava più, diventando un valore aggiunto a quell'essere che si affacciava alla vita con sguardo di fuoco. Era stato così che, accanto a lei, la bellezza pulita di Sara era diventata insipida e piatta. E l'amicizia fra le due ragazze si era trasformata per Sara in una crudele competizione.

Il cellulare vibrò dal tavolino. Rispose alzandosi e andando in cucina, per non disturbare Ada che si era addormentata sul divano.

«Complimenti, commissario.» Quella donna riusciva sempre a stupirlo. Era quasi l'una di notte e lo aveva chiamato come se fosse pieno giorno.

La dottoressa De Angelis stava entrando con l'auto nel garage della sua casa. «Non l'ho svegliata, vero? Credo che ci vorrà un po' di tempo per tutti, prima di riuscire a prendere sonno. Così, ancora una volta abbiamo dovuto scoprire il peggio dell'animo umano.» La donna aveva appena spento il motore e ora guardava gli scaffali contro la parete che avevano bisogno di un consistente riordino. Non aveva fretta di salire in casa, dove ad attenderla c'era solo un soriano acciambellato in fondo al letto che da anni ormai occupava da sola.

«Abbiamo avuto l'ennesima prova della fragilità delle nuove generazioni, dottoressa.»

«Ha un figlio, vero?»

«Sì, Andrea.»

«E ha nipoti.»

«Tre meravigliosi bambini.»

«Abbia cura di loro, Mario.»

Quella mattina, alle 2.15, nacque Aurora, la bambina di Greta.

Antonio strinse la nipotina fra le braccia dandole il benvenuto. Le augurò una felice vita in questo mondo, foriero di cattiveria e spesso anche di infelicità, ma che valeva comunque la pena di vivere. Quella bambina non avrebbe mai conosciuto suo padre, ma avrebbe avuto uno zio sempre vicino. E una mamma che l'avrebbe amata incondizionatamente, come solo le mamme sanno fare.

Francesco, ritornato a casa e resosi conto che nemmeno il frigo, desolatamente vuoto, avrebbe potuto fornirgli una qualche consolazione, uscì sul minuscolo balcone affacciato sulla stradina del borgo e guardò il cielo, pensando alla sua vita. Le mani in tasca, vi trovò le Marlboro ancora intatte. Desiderò ardentemente fumare, rientrò e prese la scatola di fiammiferi che aveva sul piano cucina. Tornato al freddo della sera, aprì con calma il pacchetto e, sfilata una sigaretta, se la portò alla bocca. Fu alla prima boccata che maturò una decisione, e volle condividerla subito con la sorella. Margherita gli rispose dal giardino di casa, dove anch'ella si era rifugiata a fumare una sigaretta.

«Ciao, fratello. Come stai?»

«Ho deciso: me ne vado.»

«Cosa vuoi dire?» chiese allarmata Margherita.

«Lascio il lavoro, vado da qualche parte e cerco di combinare qualcosa. Magari Londra.» Pensò che magari nella capitale inglese si sarebbe fatto un nuovo tatuaggio di buon auspicio per un futuro migliore.

«Quando mi laureo, vengo a trovarti.»

«Ti aspetto, sorella.»

Margherita fu felice che Francesco avesse trovato quale era la prospettiva giusta dalla quale guardare la sua vita. Adesso toccava a lei.

Giovedì 21 ottobre
(ore 17.15 - Si ritorna all'inizio)

Marta uscì dal Museo Rodari, la mano in tasca sul cartoncino giallo con la matita bicolore del maestro. Per il compleanno di Sara avrebbero fatto grandi cose: gita in battello, cena in uno dei ristoranti sul lungolago, poi si sarebbero informate se fosse stato possibile noleggiare l'attrezzatura per fare un'immersione dove quel ragazzo le aveva indicato, e, naturalmente, avrebbero fatto la visita al museo del loro eroe. Quanto si erano divertite, da bambine, a leggere le sue storie. Ridevano a crepapelle per le stramberie in rima che Rodari sapeva inventare, come lo zero che non valeva niente ma accanto agli altri numeri assumeva valore, o l'arcobaleno senza temporale, o la strada che non andava in nessun posto.

Si guardò intorno. Era stata un'allucinazione, prima, o era Luca, quello che camminava verso il lungolago? Aveva dovuto tagliar corto con quel ragazzo – peccato andar via così, era carino, avrebbero potuto accordarsi per rivedersi – e scappar via, prima che Luca – sì, era lui, ne era certa – la scorgesse. Era andata nella direzione del museo, seminandolo. E ora temeva di incontrarlo, quello sfigato che non si rassegnava, ma se anche fosse successo, gli avrebbe detto di lasciarla in pace: quella era la gita sua e di Sara. Che se ne tornasse a Torino con le sue paturnie.

Arrivata al municipio valutò come trascorrere ancora il tempo che aveva prima che Sara arrivasse. Il telefono le si era scaricato: forse era meglio tornare al bed and breakfast, fare una doccia e aspettare l'amica. Stava per incamminarsi, quando notò, fra le bancarelle montate fra le colonne del palazzo sede del Comune, una che aveva in vendita delle maschere. Che idea, sarebbe stata, regalarne una all'amica! Si avvicinò e cominciò a esaminare i modelli esposti: diavoli, damine, arlecchini, pulcinella le sfilarono davanti agli occhi. Non sapeva cosa scegliere: ma quelle maschere a metà viso, semplici nella loro ambiguità bicolore, con due piccoli cuori su un lato. La scelta cadde su quel modello: i cuori sulla parte nera per Sara, e sulla parte bianca per lei. Se le fece incartare e pagò.

Tornò verso il lago, dove rimase ancora a lungo a osservare l'acqua, le dispiaceva richiudersi in camera, e fu a quel punto che vide passarle accanto un uomo magro e distinto con una grande scatola da torta in mano. Camminava spedito e lei lo seguì con lo sguardo. Le ricordò la favola *La torta in cielo* di Rodari. La cartolina con il logo del museo l'aveva presa per farne il biglietto di auguri per Sara, e adesso sapeva cosa scriverle. Si fermò a uno dei piloni in sasso dei giardini prospicienti il lungolago e la recuperò dalla tasca. Dallo zainetto tolse l'astuccio delle matite, da cui prese una biro rossa. Con gli occhi alle storie di Rodari scrisse la dedica per il compleanno della sua migliore amica, che di lì a poco sarebbe arrivata da lei. *"Come Paolo e Rita, ricordi? Io e te, sempre. Con la torta di cioccolato, le maschere sul viso."*

Mezz'ora più tardi era nella camera del bed and breakfast. Mise il telefono sotto carica. Stava per andare alla doccia, ma una foga improvvisa le fece cambiare idea: sarebbe andata incontro a Sara e le avrebbe dato subito la maschera bianca e nera, mostrandole anche quella che aveva acquistato per sé e la sera sarebbero uscite indossandole per gioco.

Afferrò lo zainetto e uscì dalla camera.

Lunedì 22 novembre
Fine

Il cigno nuotava sotto riva sfiorando i rami più bassi delle piante con il lungo collo. La stagione stava decisamente virando e il sole che terminava la sua parabola nel cielo, con le nuvole sull'altro versante di montagna che minacciavano quell'uscita di scena, scaldava sempre meno. Ma per l'animale e i suoi amici l'inverno non sarebbe stato un problema. La cittadina che si affacciava su quello specchio d'acqua che era la loro casa costituiva un riparo sicuro.

Superati i pontili del porto di Omegna, ai declivi erbosi che arrivavano fino all'acqua si arenò e saltò con le zampe palmate sull'erba umida e fece i primi, goffi, passi, sculettando con il corpo piumato il cui bianco spiccava nella cupezza della serata, nell'aria un penetrante odore di terra ed erba bagnate.

Improvvisamente accelerò impettito, incurante del cartoncino bagnato sul quale aveva posato le zampe. Passò oltre la cartolina gialla che mostrava una matita bicolore con il rosso e il blu scoloriti dall'acqua, e una scritta rossa quasi completamente sbiadita.

Solo una parola, si riusciva ancora a leggere distintamente: *"maschere"*.

Postfazione

di Ambretta Sampietro

Erica Gibogini ha scelto Omegna, la città dove è cresciuta e ha svolto tutta la sua attività lavorativa, per ambientare il suo quarto romanzo della collana *Delitti di Lago*. Anche questa volta ci prende per mano con delicatezza e maestria per portarci sulle rive del suo amatissimo lago e presentarci un volto insolito della sua città. Scopriamo così che Omegna, nota soprattutto per essere stata nei decenni passati sede delle più importanti industrie del casalingo, è anche una cittadina molto gradevole e immersa in una natura rigogliosa, dove la gente vive bene, con serenità, e nel tempo libero oltre a muoversi in auto, dispone spesso di un motoscafo con cui solcare le acque del lago. Omegna ha nel 2021 reso omaggio al suo illustre concittadino, lo scrittore Gianni Rodari, dedicandogli alcuni luoghi e un museo che celebra le sue opere. E proprio per assistere all'inaugurazione di questo museo, due giovani amiche torinesi hanno programmato un fine settimana a Omegna, dove giungeranno separatamente. Di Marta però, dopo che ha lasciato gli effetti personali nella stanza del bed and breakfast che avevano prenotato, si perdono le tracce. L'amica Sara ne denuncia la scomparsa al commissario Verano che inizia le indagini scoprendo che nel breve tempo in cui è stata in giro per la città Marta è venuta a contatto con parecchi abitanti di Omegna. Il corpo di Marta viene ritrovato che galleggia nelle acque del porto tra le imbarcazioni private. Il fatto sconvolge la vita della città, i sospettati sono più di uno e si scoprirà che dietro l'apparenza di vite serene ed esemplari, si possono celare segreti e turbamenti. "Maschere" nel libro ha molti significati: la maschera virtuale che molti indossano per celare dolori e dispiaceri o per apparire diversi dalla realtà, una maschera da carnevale che evoca un grandissimo dolore in uno dei personaggi, le mascherine che coprivano parzialmente i visi e qualcos'altro che si scoprirà durante la lettura.

Un bel romanzo corale ben costruito in cui fino all'ultimo sarà difficile individuare il colpevole.

Omegna vale sicuramente una visita, e perché non soggiornare proprio nel bed and breakfast citato, che si chiama l'Antica Corte? Una curiosità: ora a gestirlo al posto di Silvia, che è anche un personaggio del romanzo, c'è Elena, la figlia di Erica, che durante i sopralluoghi insieme alla mamma se ne era innamorata e ne ha rilevato la gestione.

Ringraziamenti

Questa storia mi ha affollato la mente nei primi mesi della mia nuova vita di pensionata, dopo quarant'anni di lavoro a Omegna, dove l'ho ambientata. La casa di Enea e la sua famiglia l'ho pensata dove è stata la mia da bambina, con il lago che quando straripava allagava la cantina e il muretto oltre il quale lo specchio d'acqua mi ha vista crescere in quel giardino per me fatato, con i vialetti, la grande terrazza e la darsena con i gradini che scendevano direttamente nell'acqua. Al Museo Rodari ho voluto assegnare il compito di fare da sfondo e le filastrocche dell'autore da accompagnamento ai miei personaggi.

Ringrazio le persone che hanno risposto ai miei dubbi: il vicequestore Andrea Lefano, l'ispettore Giovanna Gotter e il medico legale Elena Barbero. Nella, che mi ha guidata al museo Rodari contagiandomi con la sua passione per la fantasia rodariana, e Silvia, che mi ha dato l'opportunità di ambientare il soggiorno di Marta e Sara all'Antica Corte. Ambretta Sampietro, fra le prime lettrici e madrina della collana *Delitti di Lago* di Morellini Editore, Mauro Morellini che crede sempre in me, e tutto il suo lo staff, e l'editor Saschia Bettio che mi ha aiutata in quel difficile compito di "vestire a festa" la mia storia. Gli amici fotografi Michela, Daniele e Gianmario che ho messo in competizione per scegliere la migliore immagine possibile di Omegna per la copertina. Grazie di cuore a tutti.

Un grazie speciale alla mia famiglia, ai lettori che si lasciano affascinare dai miei gialli e al Lago d'Orta, splendido, meraviglioso luogo, senza il quale non sarei quella che sono.

In questa storia, per la prima volta, ho preso in prestito persone realmente esistenti: Silvia, padrona del bed and breakfast, Nella, impiegata presso il Parco della Fantasia, e la storica tabaccaia di Omegna, Maria Rosa Marianelli, scomparsa due anni fa ma ancora in vita all'epoca della storia.

Ringrazio Fabrizio, il padrone di Melissa, che vive in un luogo di mare, e che mi ha permesso di utilizzare l'idea del suo tenero cane, terrorizzato dai ciclisti e che ora guarda con circospezione, ma con occhi dolcissimi, dai tavoli della trattoria "Il borgo" di Sirolo.

Indice

L'autrice

Erica Gibogini vive con la famiglia a Pettenasco, sul Lago d'Orta. Ha lavorato a Omegna presso la pubblica amministrazione. Da qualche anno si dedica alla sua passione per la scrittura, unendo la predilezione per il genere giallo all'amore per i bellissimi scenari che il Lago d'Orta e i paesi intorno offrono. Ha pubblicato con Morellini Editore i romanzi gialli *Rose bianche sull'acqua*, *Picnic al lago*, *In trappola* e con Mnamon Editore la raccolta di racconti *Orta in giallo*. Suoi racconti sono presenti in molte antologie, fra cui *Delitti di lago, Scritture di lago* (Morellini Editore), *Antologia criminale* (Tralerighe), *Hostaria Patrizia* (Macchioni), *Un vigneto vista lago* (Isenzatregua). Ha ottenuto diversi riconoscimenti in premi letterari, fra cui Garfagnana Barga noir, Giallo Trasimeno, Giallo Garda, Premio Stresa, e con l'inedito *I colori di una vita* ha ottenuto la classificazione in diversi concorsi, fra cui il prestigioso Premio Nabokov edizione 2022.

Per accedere ai contenuti collegati a questo libro è sufficiente utilizzare il
QR code in quarta di copertina e qui sotto, o inserire la URL:

bit.ly/3yq2OAj